Adam Hamilton

24 Stunden

Aus dem Amerikanischen von Antje Balters, Bremen

Die englische Originalausgabe erschien unter dem Titel
24 Hours That Changed the World bei Abingdon Press

Copyright © 2009 by Abingdon Press

Dieses Buch ist auch als E-Book erhältlich:
ISBN 978-3-86256-747-8

Die Deutsche Bibliothek verzeichnet diese Publikation in der
Deutschen Nationalbibliografie; detaillierte bibliografische
Daten sind im Internet über www.d-nb.de abrufbar

Bibelzitate, sofern nicht anders angegeben, wurden der
Übersetzung *Hoffnung für alle* entnommen © 1986,
1996, 2003 by *International Bible Society*. Verwendet
mit freundlicher Genehmigung des Verlages

Lektorat: Dr. Thomas Baumann
Umschlaggestaltung: spoon design, Olaf Johannson
Umschlagbild: Fenderosa/ShutterStock.com®
Illustration auf Seite 115: Ken M. Strickland
Satz: Neufeld Verlag
Herstellung: GGP Media GmbH, Pößneck

2. Auflage 2015

© 2014 Neufeld Verlag Schwarzenfeld
ISBN 978-3-86256-049-3, Bestell-Nummer 590 049

www.neufeld-verlag.de / www.neufeld-verlag.ch

Bleiben Sie auf dem Laufenden:
newsletter.neufeld-verlag.de
www.**facebook**.com/NeufeldVerlag
www.neufeld-verlag.de/**blog**

NEUFELD VERLAG

Adam Hamilton

24 Stunden
Der Tag, der die Welt veränderte

Aus dem Amerikanischen von Antje Balters

NEUFELD VERLAG

Für meine Mutter
Glenda Elizabeth Miller,
deren Liebe und Ermutigung
in meinem Leben
ein stetiger Segen sind

Danksagung

DANKBAR BIN ICH DEN MENSCHEN in der *United Methodist Church of the Resurrection*, denn dieses Buch hat dort in Form einer Predigtreihe seinen Anfang genommen. Es ist eine außergewöhnliche Gemeinde, und ich bin dankbar, dass ich dort als Hauptpastor arbeiten darf.

Rob Webster und Alex Schwindt haben mich nach Israel begleitet zum Drehen der Videos, die es als Zusatzmaterial zu diesem Buch gibt. Rob Webster hat dabei die redaktionelle Arbeit übernommen. Vielen Dank, Rob und Alex.

Der Reiseveranstalter *Educational Opportunities* hat uns die Reise nach Jerusalem ermöglicht, damit wir an den Originalschauplätzen dieser Geschichte recherchieren konnten. Ein ganz besonderer Dank geht deshalb an James Ridgeway.

Meine Assistentin Sue Thompson ermöglicht es mir seit über zehn Jahren, die Arbeit zu tun, die mir so sehr am Herzen liegt. Direkt sichtbar ist ihre Arbeit in Form der Fußnoten in dem Buch, aber indirekt auf zu vielfältige Weise, als dass ich hier alles aufzählen könnte.

Ein ganz besonderer Dank gilt Rob Simbeck, dessen Hilfe bei der redaktionellen Überarbeitung und der Bearbeitung von Predigtmanuskripten zu den einzelnen Kapiteln dieses Buches unschätzbar wertvoll war.

Und schließlich geht mein Dank an meine Partnerin, meine Frau und beste Freundin LaVon Hamilton, die mein Leben und meinen Glauben mit prägt und gestaltet. Mit ihr habe ich viele der Gedanken dieses Buches diskutiert, und von ihr kam die Anregung für das Begleitheft mit den täglichen Andachten.[1] Auch meine Kleingruppe war mir eine große Hilfe bei der Gestaltung der Andachten.

Adam Hamilton

---

1   Das hier erwähnte Begleitheft mit 40 kurzen Texten erschien unter dem Titel *24 Stunden – Der Tag, der die Welt veränderte: Impulse für 40 Tage.* Siehe auch Seite 160.

Inhalt

Einleitung 11

1. **Das Letzte Abendmahl** 15
   Die Vorbereitung des Passahmahles 18
   Verrat und Buße: Sich vorbereiten 23
   »Das ist mein Leib …« 25
   Vom Passahmahl zum Abendmahl 25
   Ein Mahl, das uns definiert 29

2. **Der Garten Gethsemane** 35
   »Ihr werdet euch bald von mir abwenden« 37
   Der Garten 39
   »Setzt euch hierher, bis ich gebetet habe«: Jesu Angst 40
   Das »Warum« der Angst Jesu 44
   »Aber nicht, was ich will, sondern was du willst« 48
   Verraten durch einen Kuss 49

3. Von den Gerechten verurteilt 53

Jesus vor dem Hohenpriester Kaiphas 55

Angst wirkt wie ein Gift 59

»Ich bin« 63

»Ich kenne diesen Menschen nicht« 67

4. Jesus, Barabbas und Pilatus 71

Der leidende (Gottes)Knecht 73

Die Kostbarkeit der Gnade 77

Die Suche nach einem Messias 80

Das Vermächtnis von Jesus und Barabbas 85

»Dem Volk zu Willen sein« 88

5. Misshandlung und Demütigung des Königs 93

Körperliche Misshandlung: Auspeitschung 95

Seelische Folter: Demütigung 97

Das Böse in uns 99

Sie führten ihn weg, um ihn zu kreuzigen 102

Die Kraft opferbereiter Liebe 105

Das Vermächtnis des Simon 109

6. Die Kreuzigung 113

»Die Mitleid erregendste aller Todesarten« 116

Das Sühneopfer 119

Die letzten Worte Jesu 126

»Sie ist jetzt deine Mutter« 127

»Vater, vergib ihnen, denn sie wissen nicht,
was sie tun!« 127

»Ich versichere dir: Noch heute wirst
du mit mir im Paradies sein« 128

»Mein Gott, mein Gott, warum
hast du mich verlassen?« 130

»Ich habe Durst« 132

»Vater, in deine Hände gebe ich meinen Geist!« 134

»Es ist vollbracht!« 135

Sich selbst in dieser Geschichte sehen 135

7. **Christus der Sieger** 137

Der erste Tag 138

Der zweite Tag 141

»Hinabgestiegen ins Reich des Todes« 143

Der dritte Tag 145

Hoffnung auf ein Leben nach dem Tod 149

Bestätigung 153

Zum Autor 159

Einleitung

MAN GLAUBT, DASS JESUS IM Alter von 33 Jahren, also
nach etwa 12 000 Lebenstagen gestorben ist. Die Verfasser der
Evangelien widmen den größten Teil ihres Werkes allerdings
nur etwa 1100 dieser Tage, also den letzten drei Jahren seines
Lebens. Und dabei gilt ihr ganz besonderes Interesse einem spe-
ziellen Tag, nämlich dem Tag, an dem Jesus gekreuzigt wird. Sie
glauben, dass dieser Zeitraum von 24 Stunden die Welt verändert hat, und alle vier Evangelien streben in ihren Berichten auf
diesen Tag zu.

Von Donnerstagabend nach Sonnenuntergang bis in den
Freitag hinein hält Jesus mit seinen Jüngern zusammen das
Letzte Abendmahl, betet im Garten Gethsemane, wird verraten,
von seinen Freunden verlassen und von den religiösen Führern
der Gotteslästerung für schuldig befunden. Er wird von Pontius Pilatus wegen Aufruhrs verurteilt, von römischen Soldaten
gefoltert, muss Kreuzigung und Tod ertragen und wird begraben.

Paulus fasst das Evangelium für die Christen von Korinth folgendermaßen zusammen: »Ich wollte von nichts anderem sprechen als von Jesus Christus und seinem Tod am Kreuz« (1. Korinther 2,2). Das Leiden, der Tod und die Auferstehung Jesu Christi stellen den Höhepunkt des Evangeliums dar und die Vollendung des Erlösungswerkes Gottes durch Jesus Christus.

Dieses Buch will zum besseren Verständnis der Ereignisse in den letzten 24 Stunden im Leben Jesu und der theologischen Bedeutung des Leidens und des Todes Jesu beitragen, und es möchte zum Nachdenken über die Frage anregen, was diese Ereignisse für unser persönliches Leben bedeuten. Zu diesem Zweck werden wir uns den geografischen und historischen Hintergrund der Ereignisse dieses schicksalhaften Tages anschauen, werden den Tod Jesu theologisch betrachten und uns letztlich auch mit der Frage beschäftigen, welche Rolle wir selbst in dieser Geschichte spielen – inwiefern wir vielleicht auch wie Pilatus, Petrus, Judas oder Johannes sind.

Unser Ausgangspunkt ist dabei der Bericht von Markus über die letzten Stunden im Leben Jesu (die meisten Wissenschaftler sind der Meinung, dass das Markusevangelium als erstes der Evangelien geschrieben wurde), aber wir werden den Bericht von Markus immer wieder durch Stellen aus den anderen Evangelien ergänzen.[2]

Wir beginnen mit dem Letzten Abendmahl, das am Donnerstagabend stattfindet und schließen mit dem Tod Jesu am Kreuz am darauffolgenden Nachmittag. Das letzte Kapitel befasst sich dann mit der Auferstehung.

---

2   Beachten Sie, dass die vier Evangelien sich bezüglich der letzten 24 Stunden im Leben von Jesus in zahlreichen Details unterscheiden. Zusätzlich legen Wissenschaftler einige dieser Ereignisse auch sehr unterschiedlich aus. Ich halte mich im allgemeinen an die Chronologie (den zeitlichen Ablauf) des Markusevangeliums und das überlieferte (traditionelle) Verständnis der Ereignisse.

Durch das Schreiben dieses Buches und die Herstellung des Videos an den Schauplätzen in Jerusalem ist mein Glaube noch tiefer geworden, und meine Liebe und Dankbarkeit Jesus gegenüber ist größer geworden. Ich bete, dass die Lektüre des Buches bei Ihnen dieselbe Wirkung hat.

Adam Hamilton

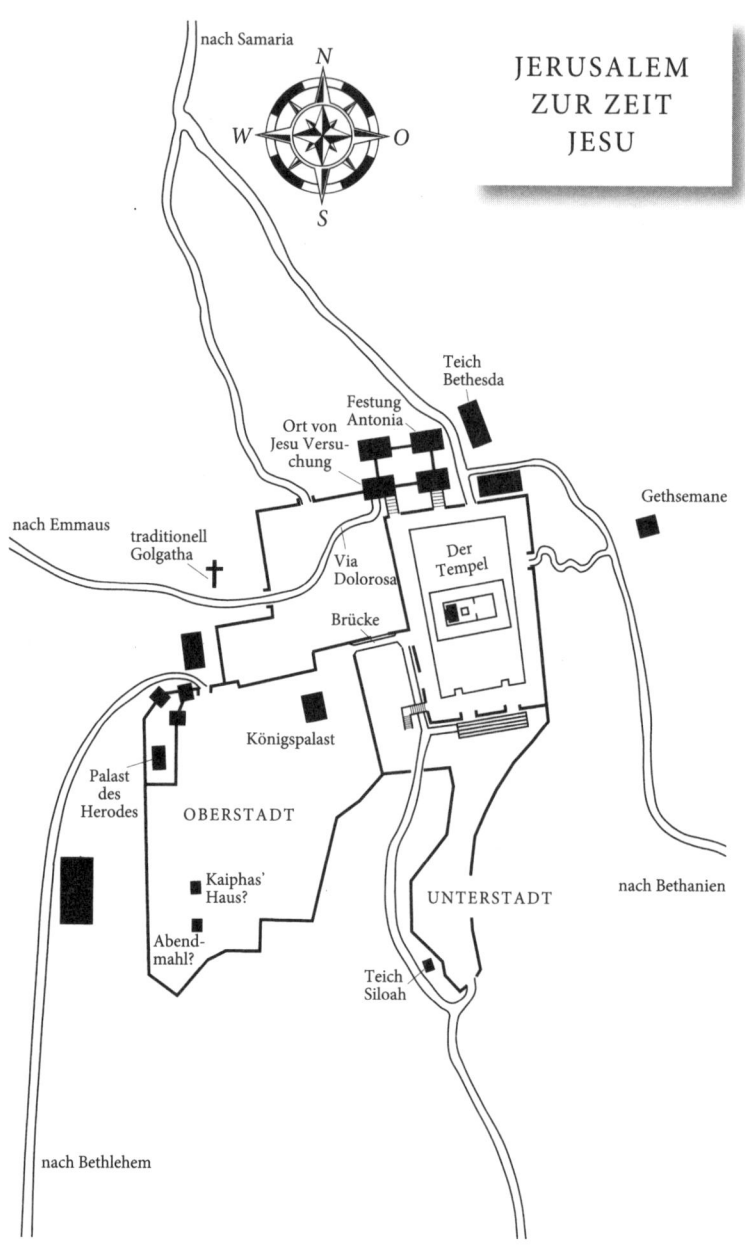

nach Samaria

N
W · O
S

JERUSALEM
ZUR ZEIT
JESU

Teich
Bethesda

Festung
Antonia

Ort von
Jesu Versu-
chung

Gethsemane

nach Emmaus

traditionell
Golgatha

Via
Dolorosa

Der
Tempel

Brücke

Königspalast

Palast
des
Herodes

OBERSTADT

nach Bethanien

Kaiphas'
Haus?

UNTERSTADT

Abend-
mahl?

Teich
Siloah

nach Bethlehem

1. Das Letzte Abendmahl

*Am ersten Tag des Festes der ungesäuerten Brote, an
dem das Passahlamm geschlachtet wurde … nahm Jesus
Brot, sprach das Dankgebet, teilte das Brot und gab
jedem seiner Jünger ein Stück davon: »Nehmt und esst!
Das ist mein Leib.« Anschließend nahm er einen Becher
Wein, dankte Gott und reichte den Becher seinen Jüngern. Sie tranken alle daraus.*

*Jesus sagte: »Das ist mein Blut, mit dem der neue
Bund zwischen Gott und den Menschen besiegelt wird.
Es wird zur Vergebung ihrer Sünden vergossen. Ich sage
euch: Von jetzt an werde ich keinen Wein mehr trinken,
bis ich ihn wieder mit euch in der neuen Welt Gottes
trinken werde.«* (Markus 14,12; 22–25)

Donnerstagabend

*In einem Raum im Obergeschoss
eines Hauses in Jerusalem*

DIE JÜNGER SIND IRRITIERT ÜBER Jesu Worte. Das Passahmahl ist doch eigentlich ein frohes Ereignis, ein Anlass zum Feiern, denn es wird der Befreiung des Volkes Israel aus der Sklaverei in Ägypten durch Gott gedacht. Das Mahl ist ein Hinweis auf die Hoffnung, dass Gott den Messias schicken wird, und deshalb hat es auch für die Jünger eine ganz besondere Bedeutung. Sie sind nämlich davon überzeugt, dass Jesus der Messias ist, und dass sie zu diesem konkreten Passahfest in Jerusalem sind, weil er seine Königsherrschaft antreten wird. Vier Tage zuvor hat die Menschenmenge ihn mit lautem Jubel in der Stadt begrüßt. Wieso redet er dann jetzt davon, dass sein Blut vergossen werden wird? Was hat das alles zu bedeuten?

Nur sehr selten hat sich das scheinbare Schicksal einer historischen Gestalt so schnell und dramatisch gewendet wie das von Jesus in der letzten Woche seines Lebens. Am Sonntag noch zieht er unter dem Jubel der Palmwedel schwenkenden Menge in Jerusalem ein. Die Menschen sind davon überzeugt, dass er der verheißene Messias ist. Am Donnerstagabend hält er sich im Grunde versteckt, während die religiösen Führer mit Hilfe eines seiner zwölf Jünger – der während der ganzen Zeit seines öffentlichen Wirkens einer der engsten Begleiter gewesen ist – Pläne schmieden, wie sie ihn endgültig loswerden können.

Jesus weiß natürlich, was auf ihn zukommt. Er hat bereits alles vorhergesagt, aber seine Jünger haben es nie begriffen. Die Ereignisse der letzten 24 Stunden im Leben Jesu werden eine Prüfung sein für diejenigen, die ihm am nächsten stehen – eine Prüfung, die sie nicht bestehen werden.

Jesus ist in Jerusalem angekommen, nachdem er zusammen mit seinen Jüngern die etwa 120 Kilometer von der Gegend um den See Genezareth zu Fuß zurückgelegt hat, wo er einen großen Teil der Zeit seines irdischen Wirkens verbracht hat. Er ist nach Jerusalem gekommen, um dort das Passahfest zu feiern, und er ist gekommen, um dort zu sterben. Er kommt vom Ölberg aus auf einem Esel in die Stadt geritten, auf den einige seiner Anhänger ihre Kleider gelegt haben. Menschenmassen jubeln ihm zu und rufen:

>*»Gelobt sei der Sohn Davids,*
>*ja, gepriesen sei,*
>*der im Auftrag des Herrn kommt!*
>*Gelobt sei Gott im Himmel!*« (Matthäus 21,9)

Im Grunde sagen die Menschen damit: »Rette uns jetzt sofort, Jesus. Erlöse uns.«

Jesus schaut sich in der Stadt um, und als es Abend wird, geht er zurück nach Bethanien auf dem Ölberg, um dort zu übernachten (Markus 11,11)[3]. Am nächsten Tag geht er dann zum Tempel. Dort im Vorhof, wo jeder beten darf, sieht er, wie die Leute Waren kaufen und verkaufen, sodass der Tempel wie ein Marktplatz scheint. Jesus wird sichtlich zornig und ruft in die Menge: »Ihr wisst doch, was Gott in der Heiligen Schrift sagt: ›Mein Haus soll für alle Völker ein Ort des Gebets sein‹, ihr aber habt eine Räuberhöhle daraus gemacht« (Markus 11,17).

Er wirft die Tische der Geldwechsler um, vertreibt die Händler (Matthäus 21,12) und zieht dadurch den Zorn der religiösen Führer auf sich, die im Tempel das Sagen haben.

Im Laufe der darauf folgenden Woche kommt Jesus jeden Tag wieder auf den Vorhof des Tempels und drängt in dem, was er dort sagt, immer heftiger auf Reformen im religiösen Leben, sodass sich genau diese religiösen Führer, die Pharisäer, provoziert fühlen. »Wehe euch, ihr Schriftgelehrten und

---

3   Das steht nur im Markusevangelium (11,11) so. Im Matthäus- und Lukasevangelium geht Jesus sofort in den Tempel und verjagt die Händler und Geldwechsler.

Pharisäer!«, sagt Jesus. »Ihr seid wie die gepflegten Grabstätten: von außen sauber und geschmückt, aber innen ist alles voll stinkender Verwesung« (Matthäus 23,27). Er kritisiert ihre geistliche Arroganz, ihre Verbohrtheit und die vielen Regeln ihres Glaubens, die nur dazu dienen, die verlorenen Menschen noch weiter vom Glauben an Gott zu entfremden. Im Grunde sagt er zu den Menschen: »Tut, was die religiösen Führer euch predigen, aber verhaltet euch nicht so wie sie; denn sie sind wie Blinde, die Blinde führen.«

Mit jedem Anklagepunkt und jeder Infragestellung ihrer inneren Einstellung provoziert Jesus die Schriftgelehrten, Pharisäer und Sadduzäer mehr. Jedes Mal, wenn er mit seinen Anhängern im Tempel auftaucht, nimmt die Anspannung zu. Am Donnerstag ist dann klar, dass die religiösen Führer in Jerusalem Pläne schmieden, Jesus umzubringen.

Die Vorbereitung des Passahmahles

Am Donnerstagmittag trägt Jesus zweien seiner Jünger auf (in Lukas 21,8 heißt es, dass es Petrus und Johannes sind), in die Stadt zu gehen und das Passahmahl (*Seder*) vorzubereiten, das er und seine Jünger ganz unter sich feiern wollten.

Jesus sagt zu seinen Jüngern: »Geht in die Stadt ... Dort wird euch ein Mann begegnen, der einen Wasserkrug trägt. Diesem Mann folgt« (Markus 14,13). Das Wasserholen ist zu jener Zeit eigentlich Frauenarbeit, und deshalb fällt ein Mann, der Wasser holt, in den geschäftigen Straßen von Jerusalem schon auf.

Es gibt Menschen, die glauben, dass Jesus auf wundersame Weise gewusst hat, was ihm bevorstand. Andere sind der Meinung, dass er einfach im Voraus alles für das Passahmahl arrangiert hatte. Wie auch immer, Jesus sagt jedenfalls zu den beiden Jüngern: »Diesem Mann folgt, bis er in ein Haus geht. Dem Besitzer des Hauses sollt ihr sagen: ›Unser Lehrer lässt fragen:

Wo ist der Raum, in dem er mit seinen Jüngern das Passahmahl feiern kann?« (Markus 14,14).

Nebenbei bemerkt, war jemand, der damals ein solches Haus besaß, reich und ging deshalb ein hohes Risiko damit ein, jemanden wie Jesus in sein Haus einzuladen. Er setzte dadurch seinen Reichtum, seinen Status und sogar sein Leben aufs Spiel.

Es verläuft jedenfalls alles genau so, wie es Jesus vorausgesagt hat. Petrus und Johannes bereiten im Obergeschoss des besagten Hauses – wahrscheinlich demselben Raum, in dem später zu Pfingsten 120 Jünger zusammenkommen, vom Heiligen Geist erfüllt werden und in anderen Sprachen reden – alles für das Passahmahl vor. Um 15.00 Uhr nachmittags bringen Petrus und Johannes wahrscheinlich ein Lamm in den Tempel, um es dort zu opfern, vermutlich zusammen mit Tausenden von Menschen, die ebenfalls im Laufe des Tages zu diesem Zweck dort hinkommen. Während die Menschen Psalmen singen, wird dem Lamm die Kehle durchgeschnitten, der Priester fängt das Blut in einem Gefäß auf und gießt es vor dem Altar aus. Ein anderer Priester schlachtet das Lamm, und Petrus und Johannes nehmen das Fleisch mit in die Küche in dem Obergeschoss des Hauses, wo das Lamm dann in Öl und Wein mariniert und drei bis vier Stunden gegart wird.

Gegen 19.00 Uhr kommen schließlich Jesus und die anderen Jünger zu Petrus und Johannes in das Obergeschoss, um mit ihnen zusammen das Mahl zu halten.

Das Passahmahl, das sie dort gemeinsam feiern, ist ein Mahl zur Erinnerung an Gottes zentrale Rettungstat am Volk Israel, ein Ereignis, das in 2. Mose 3–13 beschrieben wird.

Das Volk Israel ist seit 400 Jahren in der Sklaverei in Ägypten gefangen, als Gott Mose dazu beruft, sein Volk aus dieser Gefangenschaft zu befreien. Mose fordert den Pharao auf, sein Volk freizulassen, aber der ägyptische Herrscher weigert sich, woraufhin Gott den Ägyptern eine Reihe von Plagen schickt. Doch selbst danach ist der Herrscher von Ägypten nicht bereit einzulenken. Schließlich sagt Gott zu Mose, dass er den Ägyptern noch eine letzte furchtbare Plage schicken wird, nach der der Pharao das Volk Israel gehen lassen wird. Der Erstgeborene in jedem Haushalt und jedes erstgeborene Tier einer Herde in ganz Ägypten werden sterben.

In der Nacht, in der das geschehen wird, sollen die Israeliten Gott ein Lamm opfern und mit dem Blut dieses Lammes die Türpfosten ihrer Häuser bestreichen. Wenn dann der Engel des Todes an den Häusern vorbeigeht, wird er die Häuser auslassen, die mit dem Blut des Lammes gekennzeichnet sind, und die Erstgeborenen des Volkes Israel werden verschont. Das Opferlamm soll gekocht und gegessen werden, damit die Israeliten eine letzte Mahlzeit in Ägypten einnehmen, bevor sie befreit werden.

Und tatsächlich sucht der Tod in dieser Nacht das ganze Land heim, und zwar von der bescheidensten kleinen Wohnung bis hin zum Palast des Pharao. Am Morgen herrscht im ganzen Land Trauer, und angesichts dieser verheerenden Katastrophe gibt der Pharao endlich nach und befiehlt den Israeliten, Ägypten zu verlassen. Sie müssen sich in einer solchen Eile auf den Weg machen, dass keine Zeit mehr bleibt, den Sauerteig für Brot fertig durchsäuern zu lassen, damit die Brote später aufgehen, mit der Folge, dass sie ungesäuerte Brote mit auf die Flucht nehmen.

Die Flucht der Israeliten aus Ägypten ist dann der Beginn ihres langen Zugs durch die Wüste, der 40 Jahre lang dauern soll, und währenddessen aus den Israeliten ein Volk wird, das ins Gelobte Land geführt wird. Seit diesem Tag feiern die Israeliten jedes Jahr das Passahfest als Erinnerung und zum Gedenken an ihre Flucht aus der Gefangenschaft in Ägypten, und es wird nach der Speise, die es dabei gibt, auch »Fest der ungesäuerten Brote« genannt.

In 2. Mose 12 wird berichtet, wie Gott den Israeliten befiehlt, dieses Mahl zuzubereiten – nämlich das Lamm zu opfern und zu braten und ungesäuertes Brot und bittere Kräuter zu essen als Erinnerung an ihre Befreiung aus der Sklaverei.

»Es ist ein Mahl voller Symbole und Rituale«, sagt Rabbi Amy Katz, eine Freundin, mit der zusammen meine Frau LaVon und ich schon einmal das Passahmahl gefeiert haben, »und zwar von den Speisen, die es gibt, über die Art, wie sie gegessen werden, bis hin zu der Art, wie man sitzt.« LaVon und ich hatten die große Freude, mit Rabbi Katz ein wundervolles Passahmahl zu erleben, und zwar mit Rinderbrust, Hühnchenfleisch, Gemüse und einem köstlichen Dessert. Während des gesamten Mahls wurde immer wieder über die unterschiedlichen Speisen gesprochen, die symbolisch die Geschichte der Befreiung des Volkes Israels erzählen. Es gab bittere Kräuter – Meerrettich und Petersilie, die an all das Bittere erinnern sollen, was die Israeliten in der Sklaverei in Ägypten erlebt haben. Die Kräuter wurden in Salzwasser getaucht, das die Tränen der Israeliten symbolisierte. Wir aßen Charoset, eine pürierte Apfel-Mandelmischung, die den Mörtel symbolisiert, aus dem die Israeliten Ziegel für die Bauprojekte des Pharao herstellen mussten. Ein Ei erinnert, genau wie die Ostereier zum christlichen Osterfest, an neues Leben, daran, dass das Volk Israel einen Neuanfang erlebte. Das ungesäuerte Brot, die Matzen, erinnern daran, in welcher Eile das Volk Israel aus Ägypten fliehen musste. Das Lamm erinnert an das Lamm, das beim ersten Passah geschlachtet wurde, und mit dessen Blut dann die Türpfosten der Häuser der Israeliten bestrichen wurden, damit der Tod daran vorbeiging. Und schließlich tranken wir noch vier kleine Becher Wein als Erinnerung an Gottes Versprechen, die Israeliten zu befreien (vgl. 2. Mose 6,6–7).

Wir hatten um 19.00 Uhr mit dem Essen begonnen, und es war fast Mitternacht, als es zu Ende war. Unser Mahl war auf jeden Fall ganz ähnlich wie das Passahmahl, das Jesus zusammen mit seinen Jüngern hält. Die gleichen Bestandteile – der Wein, das ungesäuerte Brot, die bitteren Kräuter – stehen auch auf dem Tisch im Obergeschoss des Hauses bereit, in dem Jesus mit seinen Jüngern zusammenkommt.

Doch dort werden das gute Essen, die tiefe Freundschaft untereinander und die Geschichte der Befreiung des Volkes Israels aus der Sklaverei dadurch getrübt, dass Jesus so bedrückt ist. Im Unterschied zu seinen Jüngern weiß er nämlich, dass er an diesem Abend zum letzten Mal mit ihnen zusammen das Passahmahl feiert.

Dadurch, dass ich bei Rabbi Katz selbst so ein Mahl erlebt habe, verstehe ich jetzt – unter anderem – besser, warum die Jünger, die so spät noch so viel gegessen und getrunken haben, im Garten Gethsemane einschlafen, während Jesus betet, obwohl er sie gebeten hat, mit ihm zusammen wach zu bleiben.

Außerdem hat mich dieses Passahmahl dazu veranlasst, mir die Berichte über das Letzte Abendmahl in den Evangelien noch einmal genauer anzuschauen. Johannes beschreibt es sehr genau und ausführlich und verfasst den wohl vollständigsten Bericht darüber, was Jesus an diesem Abend sagt. Interessanterweise ist der Bericht des Johannes der einzige in den vier Evangelien, der das Letzte Abendmahl als eine Art »Vor-Passah«-Mahl sieht. Er lässt Jesus genau zu der Tageszeit am Kreuz leiden, zu der die Passah-Lämmer geopfert werden (Johannes 19,14) – ein starkes Bild, durch das Johannes eine theologische Aussage macht.

Es sind unterschiedlichste Versuche unternommen worden, diese beiden unterschiedlichen zeitlichen Abläufe in den verschiedenen Evangelien miteinander in Einklang zu bringen, und ich möchte es Ihnen als Lesern überlassen, sich selbst eine Meinung darüber zu bilden. Im Johannesevangelium sagt Jesus nicht: »Das tut zu meinem Gedächtnis.« Er beschreibt nicht das Brot und den Wein, sondern Johannes widmet fünf Kapitel der Beschreibung dessen, was Jesus während des Mahls lehrt und betet. In den Kapiteln 13 bis 17 des Johannesevangeliums stehen einige der beliebtesten Verse der Bibel, und es wird dort beispielsweise auch geschildert, wie Jesus durch sein eigenes Vorbild den Jüngern zeigt, dass im Reich Gottes Größe darin liegt, anderen zu dienen.

Verrat und Buße: Sich vorbereiten

Das Passahfest soll ein festlicher, fröhlicher Anlass sein, bei dem sich die Beteiligten freuen, wenn sie sich daran erinnern, dass Menschen, die einmal Sklaven gewesen sind, jetzt frei sind und endlich ein Volk werden, das Volk Gottes. Wenn das Letzte Abendmahl wirklich in einer solchen fröhlichen Stimmung begonnen hat, dann hat sich diese Stimmung im Laufe des Abends auf jeden Fall verändert. Auch abgesehen davon, dass Jesus ja bereits weiß, was ihm bevorsteht, liegt so etwas wie eine bange Vorahnung in der Luft. Die extremen Spannungen zwischen den religiösen Führern und Jesus sind allen Anwesenden nur zu bewusst. Alle, die sich im Raum befinden, fragen sich, was wohl mit Jesus passieren wird – und auch mit ihnen. Wird sein Auftreten im Tempel Konsequenzen haben? Wird er sich endlich selbst als Messias proklamieren?

Jesus durchbricht diese bange Ungewissheit mit einer Aussage, die so elektrisierend ist, dass ihr Echo all die Jahrhunderte hindurch bis heute nachhallt. »Einer von euch«, sagt er und sieht sie in einer plötzlich auftretenden Stille bei dem Passahmahl an »... wird mich verraten« (Markus 14,18).

Jesus weiß, wer von ihnen es sein wird, aber er sagt es nicht. »Meinst du etwa mich?«, fragt einer der Jünger ihn (Markus 14,19). »Es ist einer von euch Zwölfen, der mit mir das Brot in die Schüssel taucht« (Markus 14,20), sagt Jesus und meint vermutlich die Schüssel mit dem Charoset, die vor ihnen steht.

Die Geschichte des Verrates zieht sich durch den gesamten Rest des Berichtes im Evangelium über die letzten 24 Stunden im Leben Jesu. Noch bevor die Nacht zu Ende ist, wird Judas Jesus verraten; Petrus wird ihn verleugnen und seine Jünger werden ihn im Stich lassen, sodass Jesus ganz und gar allein ist, als er in den Händen seiner Feinde ist und vor Gericht gestellt wird.

Das Echo dieser Vorankündigung Jesu und der Akt des Verrates durch diejenigen, die ihm am nächsten stehen, lösen immer noch Fassungslosigkeit aus. In unserer Zeit, in der Gemeindeleiter Kinder missbrauchen, sich an Spendengeldern vergreifen und so manches mehr, ist uns aber klar, dass es solche Art von Verrat wohl immer gibt. Jesus hätte also eigentlich auch sagen können: »Ihr werdet mich alle verraten«; und wenn das so ist, müssen wir auch uns selbst anschauen.

Wann sind Sie selbst Judas? Wann sind Sie Petrus oder einer der anderen Jünger? Wann haben Sie Jesus verraten, verleugnet oder ihn im Stich lassen? Tatsache ist, dass wir ihn alle irgendwann verraten – jeder von uns.

Als ich vor ein paar Wochen in der Eingangshalle unserer Kirche Gottesdienstbesucher begrüßte, sah ich ein Ehepaar, das schon eine ganze Weile nicht mehr da gewesen war. Ich ging zu ihnen hin, um sie zu begrüßen, und sagte: »Schön, Sie zu sehen.« Daraufhin sagte der Mann: »Ich bin schon eine Weile nicht mehr da gewesen, weil ich etwas getan habe, womit ich Gott mit Sicherheit enttäuscht habe. Ich konnte mich einfach nicht überwinden, in den Gottesdienst zu kommen.« Dieser Mann könnte eigentlich jeder von uns sein. Wir enttäuschen Gott nämlich alle. Jeder von uns verrät ihn irgendwann.

Wenn wir uns beim Abendmahl an dieses letzte gemeinsame Mahl von Jesus und seinen Jüngern erinnern, dann sollten wir auch an diesen Teil des Mahles denken; daran, wie Jesus den Verrat, die Verleugnung und das Verlassen beim Namen nennt, die auf sie alle zukommen. Ich nehme an, genau das ist auch der Grund, weshalb es in den Kirchen Tradition ist, vor dem Abendmahl zu Beichte und Buße aufzurufen. In der Abendmahlsliturgie vieler Kirchen gibt es ein Schuldbekenntnis, in dem davon die Rede ist, das wir »gesündigt haben mit Gedanken, Worten und Werken … durch das, was wir getan haben und was wir unterlassen haben.«

Ein ganzer Abschnitt im liturgischen Kirchenjahr der Christen ist dem Gedanken der Buße für unseren Verrat und unsere Leugnung gewidmet. Die Fastenzeit war in den Urgemeinden eine Zeit, in der Menschen, die Jesus Christus öffentlich geleugnet hatten, um der Verfolgung zu entgehen, öffentlich Buße taten, wieder in die Gemeinschaft aufgenommen wurden und wieder am Abendmahl teilnehmen durften.

Wenn wir uns mit Buße und Wiederherstellung beschäftigen, dann sollten wir nicht vergessen, dass Jesus all seinen Jüngern die Füße wäscht (Johannes 13,3–5), obwohl er weiß, dass Judas ihn verraten wird, dass Petrus ihn verleugnen wird und dass die anderen ihn verlassen. Danach teilt er mit ihnen Brot und Wein – Brot, das für seinen Körper steht, und Wein, der für sein Blut steht. Obwohl er weiß, was seine Gefährten tun werden, sagt er zu ihnen: »Ich nenne euch nicht mehr Knechte … ihr … seid meine Freunde« (Johannes 15,15). Das tut er für sie alle – auch für Judas. Jesus schaut über ihren Verrat, ihre Sünden und ihr Versagen hinaus und nennt sie seine Freunde. Wir finden Trost in dem Wissen, dass das auch für uns gilt.

»Das ist mein Leib …« (Markus 14,22)
Vom Passahmahl zum Abendmahl

Nachdem Jesus angekündigt hat, dass er verraten werden wird, nimmt er den Matzen, also das ungesäuerte Brot, und segnet es. Was er aber dann sagt, sorgt bei seinen Jüngern für Ratlosigkeit und Verwirrung. Als er das Brot bricht und an seine Jünger weitergibt, sagt er: »Nehmt und esst! Das ist mein Leib« (Matthäus 26,26). Das gehört nicht zur Haggada – dem Text, der den Ablauf des Passahmahles nicht nur beschreibt, sondern auch erklärt –, sondern es handelt sich eher um einen verblüffenden Anschauungsunterricht.

Jesus spricht ständig in Gleichnissen und verwendet Bilder, Vergleiche und Metaphern. In diesem Fall steht das Brot, das er in der Hand hält, für seinen Körper, der nur wenige Stunden später mit Peitschenstriemen übersät und dann mit Nägeln durchbohrt an einem römischen Kreuz hängen wird. Aber wie so oft verstehen die Jünger weder den Vergleich noch was unmittelbar bevorsteht. Trotzdem essen sie das Brot.

Dann nimmt Jesus den Becher – wahrscheinlich den dritten der vier Becher Wein, die die Jünger beim Passahmahl trinken – und wieder löst er Verwirrung bei ihnen aus, als er sagt: »Das ist mein Blut, mit dem der neue Bund zwischen Gott und den Menschen besiegelt wird. Es wird zur Vergebung ihrer Sünden vergossen« (Matthäus 26,28). Dieser Verweis auf den Kelch der Erlösung gehört ebenfalls nicht zum Passahmahl, auch wenn die Jünger den Ausdruck »Blut, mit dem der Bund ... besiegelt wurde« vermutlich trotzdem wiedererkennen.

Er kommt nämlich schon in 2. Mose 24,8 vor, wo Mose, als Gott offiziell einen Bund mit dem Volk Israel eingeht, die Menschen mit dem Blut von Stieren besprengt und dabei die Worte spricht: »Das Blut besiegelt den Bund, den der Herr mit euch geschlossen hat.« Vielleicht erinnern sich die Jünger ja auch daran, was Gott danach durch den Propheten Jeremia sagt:

So spricht der Herr: »Es kommt die Zeit, in der ich mit dem Volk Israel und dem Volk von Juda einen neuen Bund schließe.

Er ist nicht mit dem zu vergleichen, den ich damals mit ihren Vorfahren schloss, als ich sie mit starker Hand aus Ägypten befreite. Diesen Bund haben sie gebrochen, obwohl ich doch ihr Herr war!

Der neue Bund mit dem Volk Israel wird ganz anders aussehen: Ich schreibe mein Gesetz in ihr Herz, es soll ihr ganzes Denken und Handeln bestimmen. Ich werde ihr Gott sein, und sie werden mein Volk sein.

Niemand muss dann den anderen noch belehren, keiner braucht seinem Bruder mehr zu sagen: ›Erkenne doch den Herrn!‹ Denn alle – vom Kleinsten bis zum Größten – werden erkennen, wer ich bin. Ich vergebe ihnen ihre Schuld und denke nicht mehr an ihre Sünden. Mein Wort gilt.«

(Jeremia 31,31–34)

Gott sagt durch Jeremia, dass die Israeliten an Gott gebunden sind, wie eine Frau an ihren Mann gebunden ist; aber sie haben ihn betrogen, sich immer wieder von Gott abgewandt. Also sagt Gott im Grunde: »Ich werde einen neuen Bund mit euch schließen müssen.« Jesus hat sicher diese Worte im Sinn, als er den Kelch in der Hand hält; und ganz sicher ist das inzwischen nicht mehr nur die Geschichte des Volkes Israel, sondern unser aller Geschichte – eine Geschichte der Zerbrochenheit und des Verrates und darüber, wie dringend nötig wir Vergebung haben.

Als Jesus sagt: »Das ist mein Blut, mit dem der neue Bund zwischen Gott und den Menschen besiegelt wird. Es wird zur Vergebung ihrer Sünden vergossen« (Matthäus 26,28), verändert er dadurch alles. Er verwandelt das Passahmahl und schenkt stattdessen allen Menschen das Abendmahl. Die Israeliten sind durch das Blut von Tieren zu seinem Volk geworden; das Letzte Abendmahl ist die Gründung eines neuen Bundes durch das Blut Jesu, und zwar nicht nur ein Bund mit den Stämmen Israels, sondern mit der ganzen Menschheit. Das Passahmahl, das einmal die Geschichte der Befreiung des Volkes Israels aus der Sklaverei nacherzählt hat, ist von nun an die Geschichte der Befreiung der gesamten Menschheit von Sünde und Tod durch Gott. In diesem Augenblick schenkt Gott der gesamten Menschheit einen Neuanfang und neues Leben und macht diejenigen, die Jesus nachfolgen wollen, zu seinem Volk, zu seiner Braut. In diesem Mahl und durch seinen Tod und seine Auferstehung lädt Jesus die gesamte Menschheit ein, das Volk des Bundes Gottes zu werden.

Die letzten 24 Stunden im Leben von Jesus sind die Geschichte Gottes, dessen Liebe zu seinem Volk so erstaunlich und so umfassend ist, dass er seinen Sohn schickt, der sein Leben lässt, als Zeichen und Siegel für den Bund, durch den die Menschheit vom Tod erlöst wird. Durch seinen Geist legt Gott den Menschen seine Gebote ins Herz, vergibt ihnen ihre Schuld und denkt nicht mehr an ihre Sünden.

Im ersten Brief an die Korinther erinnert uns Paulus an Jesu Worte: »So oft ihr aus diesem Kelch trinkt, denkt an mich und an das, was ich für euch getan habe« (1. Korinther 11,25). Das Letzte Abendmahl soll wiederholt werden als Erinnerungsmahl an den neuen Bund, genauso wie das Passahmahl als Erinnerungsmahl an Gottes zentrales Erlösungshandeln in den heiligen Schriften des Volkes Israels gedacht war. Dieses Mahl, dieses neue Passah, das Abendmahl, soll eine ewige Erinnerung an die Liebe Gottes sein und an das Opfer seines Sohnes. Es soll das Mahl sein, bei dem wir Christen uns an unsere Geschichte erinnern, und dadurch soll unser Leben umgestaltet werden.

Wenn wir das Abendmahl als Entsprechung des Passahmahls sehen, machen wir uns die jüdischen Erkenntnisse über dieses alte rituelle Mahl zu Nutze. Wenn wir wissen, was es für das jüdische Volk bedeutet und wie es sich auf ihr Leben auswirkt, dann hilft uns das zu begreifen, wie Jesus es betrachtete, und welche Wirkung des Abendmahls er sich für uns wünscht.

»[Das Passah Seder] ist die Zeit, in der wir uns so, wie es in 2. Mose beschrieben wird, daran erinnern, wie wir nach Gott geschrien haben, als wir noch Sklaven waren, und wie Gott unser Schreien erhört und uns aus Ägypten herausgeführt hat«, sagt Rabbi Katz. »Das ist eine zentrale Geschichte. Und es ist auch die zentrale Geschichte, wie wir als Volk geboren wurden. Der Zweck des Mahls besteht darin, diese Geschichte für jeden, der mit am Tisch sitzt, auf jede nur denkbare Weise zugänglich zu machen. Alle müssen es kapieren, weil es unsere wichtigste Geschichte ist.«

Die Verheißung des Passahmahles (Sedermahls), so sagt Rabbi Katz, spiegelt sich wider in einer Zeile, die traditionell während des Abends gesungen wird. Sie stammt aus der Mischna (dem jüdischen religiösen Regelwerk) und besagt, dass sich die Menschen in jeder Generation so sehen sollten, als wären sie Sklaven in Ägypten. »Man fängt als Sklave an«, fügt sie hinzu; »und am Ende des Abends ist man frei.«

Auf welche Weise soll das christliche Abendmahl Christen helfen, sich ihre eigene Versklavung und Befreiung in Erinnerung zu rufen?

Ein Mahl, das uns definiert

Ich glaube, indem Jesus das Passahmahl zum Abendmahl macht, will er zeigen, dass dieses Mahl definiert, wer wir sind. Es erinnert uns daran, dass wir von jemandem erlöst worden sind; dass unsere Freiheit von jemandem erkauft wurde; dass Gott Mensch geworden ist, gelitten hat und für uns gestorben ist. Das ist die Geschichte, an die wir uns erinnern sollen. Es ist eine große, eine wichtige Geschichte, und wir müssen sie wirklich verinnerlichen, wenn wir Jesus Christus nachfolgen wollen. Wir müssen uns selbst bei diesem Mahl und am Kreuz sehen und wissen, dass Jesus für uns gestorben ist. Jedes Mal, wenn wir das Brot brechen und den Wein trinken, erinnern wir uns daran; und dadurch werden wir umgestaltet. Das Mahl erinnert uns daran, woher wir kommen, und es definiert, wer wir sind und wer wir sein werden. Es ist für uns Christen die Erinnerung an unsere Geburt als ein Volk. Wir kommen zu diesem Mahl zusammen und erinnern uns daran, dass wir versklavt waren an die Sünde und den Tod und nur für uns selbst und allein gelebt haben. Und nach dem Mahl sind wir frei, sind wir Menschen, die ihren Erlöser kennen, die beschlossen haben, ihm nachzufolgen, und die seine Gnade und Barmherzigkeit für ihr Leben annehmen. Es ist ein feierliches, freudiges Ereignis, weil es für unsere Befreiung steht. Es wird auch »Eucharistie« genannt, das ist griechisch und bedeutet »Danksagung«. Es ist ein tiefgründiges und heiliges Mahl voller guter Nachrichten. Und genauso wie eine gute Nachricht soll es auf uns wirken.

Von welchen Erinnerungen werden Sie bestimmt? Gibt es Ereignisse oder Worte, die wie in einer Endlosschleife in Ihrem Kopf ablaufen? Ist es die Misshandlung oder der Missbrauch, die Sie als Kind erlebt haben? Sind es Worte, die ein Elternteil, ein Lehrer oder ein Freund gesagt hat? Oder ist es eine Beleidigung oder Herabsetzung, die tief getroffen hat, eine Verletzung, die Sie nicht vergessen können? Eine Gewohnheit oder eine Sucht, die Sie einfach nicht loswerden?

Das alles sind Dinge, durch die Sie nicht bestimmt werden sollen. Es gibt noch etwas anderes, eine umfassendere, größere Geschichte, die Sie definiert. Für das Volk Israel ist diese größere Geschichte, an die jedes Jahr aufs Neue erinnert wird, der Auszug aus Ägypten, der zusammengefasst ist mit den Worten: »Wir waren einmal Sklaven, aber jetzt sind wir frei.« Für Sie und mich als Christen ist die Geschichte, durch die wir definiert sind, ebenfalls von einem Mahl begleitet und von einigen wichtigen Worten:

> *»In der Nacht, in der unser Herr Jesus verraten wurde, nahm er das Brot dankte Gott dafür, brach es und sprach: ›Das ist mein Leib, der für euch hingegeben wird. So oft ihr dieses Brot esst, denkt an mich und an das, was ich für euch getan habe!‹*
>
> *Nach dem Essen nahm er den Kelch und sprach: ›Dieser Kelch ist der neue Bund zwischen Gott und euch, der durch mein Blut besiegelt wird. So oft ihr aus diesem Kelch trinkt, denkt an mich und an das, was ich für euch getan habe. Denn jedes Mal, wenn ihr dieses Brot esst und aus diesem Kelch trinkt, verkündet ihr, was der Herr durch seinen Tod für uns getan hat, bis er kommt.‹«*
>
> (1. Korinther 11,23–26)

In einer der ältesten noch erhaltenen christlichen Predigten hebt Bischof Melito von Sardis hervor, dass das Passahfest nicht nur dazu gedacht war, die Israeliten an Gottes Erlösungswerk durch Mose zu erinnern, sondern auch, um sie auf das hinzuweisen, was er 1 200 Jahre später durch Jesus Christus für die ganze Welt tun würde. So, wie wir glauben, dass uns das heilige Abendmahl wieder ans Kreuz zurückführt, um uns daran zu erinnern, was Gott für unsere Rettung getan hat; so weist es auch *voraus* auf den Tag, an dem wir dieses Mahl im Himmel zu uns nehmen werden. Paulus bringt genau diesen Gedanken zum Ausdruck, wenn er sagt, dass wir dieses Mahl zu uns nehmen, um den Tod Christi zu verkünden, bis er wiederkommt (1. Korinther 11,26).

Und an noch etwas sollen wir denken, wenn wir über das Letzte Abendmahl nachdenken: Als für Jesus der Tod näher rückt, findet er Trost in der Gemeinschaft mit seinen Freunden. Im Lukasevangelium ist nachzulesen, dass Jesus zu seinen Jüngern sagt: »Wie sehr habe ich mich danach gesehnt, mit euch das Passahmahl zu essen« (Lukas 22,15). Im Bericht des Apostels Johannes spricht Jesus mit den Jüngern über seine Liebe zu ihnen und nennt sie nicht Knechte oder Schüler, sondern Freunde (Johannes 15,15). In den Stunden, bevor Jesus verhaftet, vor Gericht gestellt und zur Kreuzigung verurteilt wird, ist er mit den zwölf Männern zusammen, die seine Gefährten und enge Vertraute sind; mit Männern, mit denen er gebetet, Gott gepriesen und das Leben geteilt hat. Als er in dem Wissen, dass er sterben wird, geht, um zu beten, bittet er die, die ihm am nächsten sind, mit ihm zu beten.

Beachten Sie, dass diese engen Gefährten und Vertrauten nicht perfekt sind. Sie haben Jesus bereits zuvor im Stich gelassen, und sie werden es wieder tun. Einer von ihnen wird ihn sogar verraten. Dennoch sind sie die besten Freunde, die er hat; und sie sind bei ihm, als seine finsterste Stunde naht.

Die ersten Christen kamen in den Vorhöfen des Tempels zum Gebet zusammen und trafen sich in kleineren Gruppen in den

Häusern Einzelner, so wie auch Jesus mit kleinen Gruppen zusammengekommen war. In vielen modernen Gemeinden spielen Kleingruppen eine so große Rolle, weil jeder Mensch genau wie Jesus enge Freunde braucht, mit denen er seinen Weg gemeinsam gehen kann, die ihn hinterfragen, ihm helfen und ihn im Glauben unterstützen. Das ist für uns heute genau so wichtig, wie es damals für Jesus war.

Wenn Sie wüssten, dass Sie nur noch einen Tag zu leben hätten, dass es Zeit für Ihr letztes Abendessen wäre, mit wem würden Sie dann an einem Tisch sitzen? Natürlich mit Ihrer Familie. Bei mir wären es LaVon und meine Töchter, und natürlich meine Eltern. Die anderen Leute am Tisch wären aus meiner Kleingruppe. Das sind die Leute, mit denen ich mich jede Woche zum Beten und Bibellesen treffe. Sie haben mich im Laufe der Jahre immer wieder ermutigt und sind mir zum Segen geworden. Wir haben uns gegenseitig im Krankenhaus besucht, und wir haben in schweren Zeiten füreinander gebetet. Wir teilen einfach unser Leben miteinander, und die Folge ist, dass diese Menschen meine engsten Gefährten geworden sind.

Ich frage mich, ob Sie auch solche geistlichen Freunde haben, Leute, die Sie durch schwere Zeiten hindurchbeten, Leute, mit denen Sie über den Glauben reden können, Leute, denen Sie Sünden bekennen können, und die auch Ihnen Sünden beichten können – Leute, die sich gegenseitig vor Jesus bringen.

Jesus brauchte solche Freunde, und Sie brauchen sie auch. Ich muss dabei an einen Mann aus meiner Gemeinde denken, der solche Freunde in unserer Männerbibelgruppe gefunden hatte. Er hatte Krebs gehabt, und nachdem er zwei Jahre krebsfrei gewesen war, war der Krebs jetzt zurückgekehrt. In den letzten anderthalb Jahren seines Lebens, in denen er nicht mehr an der Kleingruppe teilnehmen konnte, trugen diese Männer ihn. Sie beteten für ihn, machten ihm Mut, segneten ihn und liebten ihn bis zum Ende. Bei seiner Beerdigung waren sie alle da, eine Truppe von Brüdern, die gemeinsam gelebt und das Leben miteinander geteilt hatten.

Bei einer Frau aus unserer Gemeinde wurde Eierstockkrebs im fortgeschrittenen Stadium diagnostiziert: Ihre Kleingruppe begann für sie zu beten und ihr Mut zu machen. Als sie durch die Chemotherapie ihr Haar verlor, kam einer der Männer aus der Gruppe eines Abends mit kahl rasiertem Kopf zum Treffen und sagte zu ihr: »Ich werde so lange kahl bleiben, bis dein Haar wieder gewachsen ist.« Das war seine Art zu sagen: »Wir stehen das gemeinsam durch. Ich bin dein Bruder in Christus.« Sie feierten beide, als ihr Haar wieder nachgewachsen war.

Solche Freundschaften passieren aber nicht einfach so, sondern sie wollen gepflegt sein. Sicher gibt es auch in Ihrer Nähe eine Gemeinde mit Kleingruppen. Wenn nicht, dann laden Sie doch ein paar Bekannte, Nachbarn oder Freunde ein und gründen Sie eine solche Gruppe. Treffen Sie sich ein Mal wöchentlich, um zusammen zu beten, in der Bibel zu lesen und sich gegenseitig zu unterstützen. Jesus hat so eine Gruppe gebraucht, und wenn es bei ihm so war, wie viel nötiger haben dann erst wir eine solche Gruppe!

Beim Letzten Abendmahl sitzt Jesus mit seinen Jüngern zusammen, einer Horde von Außenseitern. Es sind Fischer dabei, ein Steuereintreiber, der mit den Römern zusammengearbeitet hat, ein Zelot, der die Römer umbringen will, also eine Mischung aus ungestümen und schüchternen Männern. Einer von ihnen wird Jesus verraten, einer wird ihn verleugnen und alle werden sie ihn im Stich lassen; aber dennoch sind sie seine Freunde. Indem er mit ihnen das Brot bricht, lehrt er sie ein letztes Mal. Er zeigt ihnen seine Liebe. Im Johannesevangelium lesen wir, dass er ihnen die Füße wäscht. Er schenkt ihnen ein Mahl, durch das sie sich für den Rest des Lebens an ihn erinnern werden. Und von damals bis heute verbindet es die Jünger Jesu jedes Mal miteinander, wenn sie Brot und Wein miteinander teilen als seine Anhänger, und es erinnert sie daran, dass er immer da ist.

2. Der Garten Gethsemane

*Dann ging Jesus mit seinen Jüngern in einen Garten, der
Gethsemane heißt.* (Markus 14,32)

Donnerstagnacht
Im Kidrontal

IRGENDWANN NACH 23.00 UHR AM Donnerstagabend
beenden Jesus und seine Jünger das Passahmahl mit einem
Danklied. Der Text dieses Liedes ist bekannt, weil sowohl das
Lied als auch die Gebete, die Jesus spricht, bis heute ein Teil
des Passahmahls sind, das ja nach bestimmten Regeln verläuft.
Dieses Danklied wird als *Hallel* bezeichnet, das ist ein Begriff,
der so viel wie »lobsingen«, »in Jubel ausbrechen« bedeutet (es
ist die Wurzel des Wortes Halleluja), und es besteht aus einigen
ausgewählten Versen der Psalmen 113 bis 118. Es ist auch das
Hallel, das die Menschen nur vier Tage zuvor zitiert haben, als
sie bei Jesu Einzug in Jerusalem rufen: »Gelobt sei, der da kommt

im Namen des Herrn« (Matthäus 21,9; vgl. auch Psalm 118,26, *Lutherbibel*). Und es ist das Hallel, in dem es heißt: »Der Stein, den die Bauleute verworfen haben, ist zum Eckstein geworden« (Matthäus 21,42; Psalm 118,22, *Lutherbibel*), ein Abschnitt, über den Jesus in seiner letzten Lebenswoche predigt.

Ich frage mich, ob Jesus aus diesen Versen wohl besonderen Trost gefunden hat, als er und seine Jünger den alten Psalmengesang singen, bevor sie zum Garten Gethsemane aufbrechen:

> *In der Angst rief ich den HERRN an;*
> *und der HERR erhörte mich und tröstete mich.*
>
> *Der HERR ist mit mir, darum fürchte ich mich nicht;*
> *was können mir Menschen tun?*
>
> *Ich werde nicht sterben, sondern leben*
> *und des HERRN Werke verkündigen.*
>
> *Man stößt mich, dass ich fallen soll;*
> *aber der HERR hilft mir.*
>
> *Der HERR ist meine Macht*
> *und mein Psalm und ist mein Heil.*
>
> (Psalm 118,5–6; 17; 13–14, *Lutherbibel*)

Ich vermute, dass diese Worte in Jesu Gedanken noch nachklingen, als er in jener Nacht in dem Garten betet. Während seines gesamten öffentlichen Wirkens betet Jesus regelmäßig Psalmen und bezieht sich auch in seinen Predigten auf Psalmworte. Er lehrt aus den Psalmen, beim Letzten Abendmahl singt er Psalmverse, und es sind Worte aus den Psalmen, die er am Kreuz betet. Die Psalmen sind also ein wichtiger Bestandteil seines geistlichen Lebens. Wenn wir von Jesus etwas über geistliches Leben lernen wollen, dann sollten wir uns mit den Psalmen beschäftigen. Genau wie Jesus, werden auch wir dann Trost finden durch ausgewählte Psalmenverse. In den Evangelien erfahren wir nicht, wie Jesus ganze Psalmen rezitiert, sondern eher einzelne Abschnitte. Oft sind es wunderschöne,

erhabene Verse, die zwischen weniger erhabenen, ja sogar rach-
süchtigen Versen in einzelnen Psalmen stehen.

Die Psalmen stellen das Herz und die Seele der Bibel dar,
und die Tatsache, dass Jesus sie in den letzten 24 Stunden seines
Lebens immer wieder betet, ist ein Zeichen, dass wir uns mehr
mit ihnen beschäftigen sollen, damit sie uns wirklich vertraut
sind. Ein guter Anfang wäre dabei vielleicht, Psalm 118 vollstän-
dig im Zusammenhang zu lesen und sich vorzustellen, was die
Verse Jesus wohl bedeuten, als er sie in jener Nacht singt.

»Ihr werdet euch bald von mir abwenden« (Markus 14,27)

Nachdem sie das Obergeschoss des Hauses verlassen haben,
in dem das Passahmahl stattgefunden hat, führt Jesus seine
Jünger erst ein Stück nach Osten und dann nach Norden auf
der Straße, die am Kidrontal entlang führt. Zu ihrer Rechten
befinden sich die Gräber der Priester und Propheten, aber auch
die ganz normaler Leute, mit Blick auf Jerusalem.

Das Kidrontal wird auch als Tal des Jehoschafat bezeichnet,
und in Joel 3,12 wird es als Schauplatz des Jüngsten Gerichtes
benannt:

> *Die Heiden sollen sich aufmachen*
> *und heraufkommen zum Tal Joschafat;*
> *denn dort will ich sitzen und richten.*

Dieses Tal steht für den Ort, wo sich alle Völker der Erde sam-
meln werden, um von dem Einen gerichtet zu werden, der in
dieser verhängnisvollen Nacht seine Jünger die dunkle Straße
entlang führt. Ganz sicher ist das Jesus damals bewusst.

Beim Letzten Abendmahl hat Jesus vorausgesagt, dass einer
seiner Jünger ihn verraten wird, und als Jesus jetzt zusammen
mit seinen Freunden zu Fuß unterwegs ist, sagt er voraus, dass
sie ihn alle verlassen werden. Seine Voraussage bringt einen Teil

der Trauer zum Ausdruck, die Jesus in dieser Nacht erlebt. Er weiß schon, dass Judas ihn für 30 Silberstücke verkauft hat und ihn schon bald durch einen Kuss verraten wird. Er weiß, dass die Jünger ihn alle verlassen werden, dass sie fliehen werden, um ihr eigenes Leben zu retten. Er weiß, dass Petrus leugnen wird, ihn überhaupt zu kennen, auch wenn Petrus das heftig bestreitet. Die Erfahrung, von guten Freunden verraten, verlassen und verleugnet zu werden, ist wohl für jeden Menschen schlimm und sehr schmerzlich. Und für Jesus trifft das besonders zu, weil es sich hier um seine engsten Gefährten handelt, um Männer, mit denen er seit drei Jahren praktisch zusammenlebt, die gesehen und miterlebt haben, wie er Wunder getan hat, und die ihn predigen gehört haben.

Ich bin seltsamerweise dankbar dafür, dass die Verfasser der Evangelien diese Information in ihren Bericht aufgenommen und nicht irgendwie beschönigt oder ganz unter den Teppich gekehrt haben, obwohl es für die Jünger ja nicht gerade schmeichelhaft ist. Doch die Tatsache, dass sie den Herrn in seiner schwersten Stunde im Stich lassen, hilft mir, darauf zu vertrauen, dass auch ich auf Gnade hoffen kann, wenn ich Jesus verleugne, verlasse und verrate.

Ich empfinde diese Geschichte nicht nur deshalb als tröstlich, weil selbst diejenigen, die Jesus am nächsten sind, ihn im Stich lassen, sondern weil Jesus im Voraus gewusst hat, dass es geschehen würde. Nach seiner Vorhersage, dass seine Jünger ihn alle im Stich lassen werden, blickt Jesus über ihren Verrat hinaus und sagt: »Aber nach meiner Auferstehung werde ich nach Galiläa gehen, und dort werdet ihr mich wiedersehen« (Markus 14,28).

Er sieht den Verrat durch die Jünger kommen, aber er sagt auch vorher, dass er sie wieder aufnehmen wird. Er nimmt sie an trotz der Tatsache, dass sie ihn verraten werden; und wenn er das für seine Jünger getan hat, dann tut er es auch für Sie und mich.

Der Garten

Oberhalb des Kidrontals, am Fuße des Ölberges, gibt es einen Olivenhain, der Garten Gethsemane genannt wird. Von dem Garten aus blickt man direkt zur Ostmauer des Tempels auf das »Goldene Tor« oder das »Schöne Tor« (ein Eingang, der 1541 von Sultan Suleiman I. versiegelt wurde). Dieses Tor wird in Hesekiel 44 als die Stelle beschrieben, durch die ein »Fürst« eines Tages die Vorhöfe des Tempels betreten wird. Ist es möglich, dass Jesus genau aus diesem Grund beschließt, dorthin zu gehen, um zu beten?

Im Garten Gethsemane gibt es heute ein paar sehr alte Olivenbäume, die nach Aussage mancher Leute noch aus der Zeit Jesu stammen – was allerdings, wie bei vielem, was mit dem Heiligen Land zu tun hat, von anderen heftig bestritten wird.

Tatsache ist jedenfalls, dass diese Olivenbäume dort seit Hunderten von Jahren stehen und Besucher an die Nacht erinnern, in der Jesus dort gebetet hat.

Ganz in der Nähe steht die *Kirche aller Nationen*, auch *Todesangstbasilika* genannt, die auf den Fundamenten mehrerer anderer Kirchen errichtet wurde, und die sowohl an die Qualen Jesu im Garten Gethsemane als auch an den Ort des Jüngsten Gerichtes erinnern soll. Der Name *Kirche aller Nationen* hat mit dem Hinweis des Propheten Joel zu tun, dass sich dort die Völker versammeln werden, um von Gott gerettet zu werden. Beim Betreten der Kirche kann man sich gut vorstellen, wie Jesus mit seinen Jüngern nachts in den Garten gekommen ist, um dort zu beten, denn im Innern der Kirche ist es dunkel. Die Kuppel ist mit gemalten Sternen übersät, und im Altarraum steht hinter einem Eisengitter ein Felsen. Der Überlieferung nach soll es sich dabei um den Ort handeln, an dem Jesus in der Nacht seiner Verhaftung betete. Besucher der Kirche können um den Felsen herum niederknien und beten, und sie können den Felsen sogar berühren – ein bewegendes Erlebnis.

Nördlich von den uralten Olivenbäumen und der *Kirche aller Nationen* gibt es ein Wäldchen mit jüngeren Olivenbäumen, das zwar viel seltener Ziel von Besuchergruppen ist, das aber vielleicht viel besser zeigt, wie der Garten ausgesehen haben kann, als Jesus mit seinen Jüngern dorthin kam, um zu beten. Irgendwo in dem Hain muss es damals eine Olivenölpresse gegeben haben, denn das ist die Bedeutung des Wortes *Gethsemane*.

Nur Johannes bezeichnet den Ort, an dem Jesus in dieser Nacht betet, als »Garten« (Johannes 18,1), er ist der einzige Evangelist, der berichtet, dass das Grab, in dem Jesus nach seinem Tod am Kreuz beigesetzt wird, sich in einem Garten befindet (Johannes 19,41), und er schreibt als Einziger, dass Maria aus Magdala den auferstandenen Christus zunächst für einen Gärtner hält (Johannes 20,15). Vielleicht möchte Johannes, dass wir dadurch eine Verbindung herstellen zwischen der Erlösungstat Jesu und dem, was sich ganz am Anfang der Bibel in einem anderen Garten ereignet hat.

Gott ist der Gärtner, der den Garten Eden geschaffen hat, und in diesem Garten sind ihm Adam und Eva Gott ungehorsam, sodass das Paradies verschlossen wird und für die Menschen verloren ist. Johannes möchte deutlich machen, dass Jesus Gott im Unterschied zu Adam gehorsam geblieben ist. Außerdem sollen wir erkennen, dass das, was Jesus unmittelbar bevorsteht und was er auf sich nimmt, die Auswirkungen des »Sündenfalls« von Adam und Eva rückgängig machen wird. Ja, Paulus geht sogar so weit, von Jesus als dem »letzten Adam« zu sprechen (1. Korinther 15,45).

»Setzt euch hierher, bis ich gebetet habe« (Markus 14,32): Jesu Angst

Johannes berichtet, dass Judas weiß, wo sich Jesus in dieser Nacht aufhält, »denn Jesus versammelte sich oft dort mit seinen

Jüngern« (Johannes 18,2). Lukas schreibt, dass Jesus in jener Nacht »wie gewohnt« (Lukas 22,39) zum Ölberg geht, um dort zu beten. Warum, so könnte man sich fragen, geht Jesus so oft an diesen Ort? Ist der Grund dafür, dass es in dem Wäldchen so schön ist? Liegt es an der Tatsache, dass man von dort aus den Tempelberg sehen kann, oder daran, dass auch David an diesen Platz auf den Ölberg gegangen ist und geweint hat, nachdem er von seinem Sohn Absalom und seinem Berater Ahitophel verraten worden war? Will Jesus durch sein regelmäßiges Gebet auf dem Ölberg vielleicht auch eine Verbindung herstellen zu den Worten des Propheten Sacharja über den Messias: »Und seine Füße werden stehen zu der Zeit auf dem Ölberg« (Sacharja 14,4)? Oder ist der Ölberg einfach nur ein ruhiger und friedvoller Ort, wo Jesus sich Gott besonders nah fühlt? Wahrscheinlich treffen alle genannten Gründe zu. Sicher ist jedoch, dass Jesus regelmäßig zum Beten auf den Ölberg geht, und dass dies auch der Ort ist, den er in seiner schlimmsten Angst aufsucht.

Als sie in den Garten Gethsemane kommen, bittet Jesus seine Jünger, Wache zu halten und zu beten, und geht dann mit Petrus, Jakobus und Johannes noch ein Stück weiter in den Garten hinein. Er spricht nicht über seine Angst und zeigt sie auch nicht, bis er mit diesen drei engsten Gefährten allein ist. Vielleicht hat er das Gefühl, um der anderen willen stark sein zu müssen, und zeigt deshalb seine inneren Qualen nicht, hat aber trotzdem das Bedürfnis, jemandem mitzuteilen, wie ihm zumute ist. Vielleicht hat er das Gefühl, dass diese drei Jünger ihn verstehen werden.

Die meisten Menschen wissen, wie schwer es ist, um anderer willen stark zu sein; und dennoch zögern wir oft, in Momenten, in denen wir Angst haben, wütend oder traurig sind, diese Gefühle offen zu zeigen. Aber wir brauchen alle Freunde und Gefährten, denen wir solche Gefühle mitteilen können. Wir brauchen auch unseren Petrus, Jakobus und Johannes. Genau wie für Jesus und seine Gefährten, gilt auch für uns oft, dass wir in Zeiten der Angst und des Kummers unsere Freunde gar nicht so sehr zum Reden brauchen. Jesus bittet Petrus, Jakobus und Johannes nicht um Rat oder um aufmunternde Worte, sondern er möchte, dass sie einfach nur da sind. Und genau so geht es doch auch uns in schweren Zeiten.

Und schließlich offenbart Jesus dann auch, was in ihm vorgeht. Matthäus schreibt, dass Jesus »tiefe Traurigkeit und Angst« überfallen (Matthäus 26,37). Er sagt zu den drei Jüngern: »Ich zerbreche beinahe unter der Last, die ich zu tragen habe. Bleibt bei mir, und wacht mit mir!« (Matthäus 26,38). Dann geht er ein paar Schritte weiter und wirft »sich nieder«, um zu beten (Matthäus 26,39). Nach kurzer Zeit kommt er wieder zu seinen Freunden zurück. Muss Jesus jetzt mit jemandem reden, oder muss er sich einfach nur vergewissern, dass sie immer noch da sind? Wir wissen es nicht, aber wir wissen, dass er sie schlafend vorfindet und darüber sehr enttäuscht ist. Er fragt nämlich Petrus: »Könnt ihr denn nicht eine einzige Stunde mit mir wachen?« (Matthäus 26,40). In diesem Zusammenhang sagt Jesus dann auch die berühmten Worte, die vielleicht gar nicht so sehr als Warnung dienen sollen wie als Zeichen der großzügigen Nachsicht seinen Freunden gegenüber: »Der Geist ist willig, aber das Fleisch ist schwach« (Matthäus 26,41, *Lutherbibel*). Auch hier erkenne ich mich selbst in den Jüngern wieder. Dieser Teil der Geschichte ist gerade deshalb so eindringlich, weil sich wahrscheinlich jeder vorstellen kann, nach Mitternacht einfach einzuschlafen, obwohl Jesus einen wach und zum Beten braucht. Abgesehen davon, dass wir daran seine Barmherzigkeit und Großzügigkeit erkennen, verstärkt dieses kleine Detail die Ahnung, dass Jesus den Kelch des Leidens ganz allein trinken wird.

Die Vorstellung, dass Jesus furchtbare Angst hat und in seiner Angst zu Gott fleht, ist für manche Christen beunruhigend. Bei anderen ruft sie Mitgefühl hervor, und bei wieder anderen weckt die Vorstellung, dass Jesus Gott darum bittet, den Kelch des Leidens an ihm vorübergehen zu lassen, und seine ganz offensichtliche Angst vor der Kreuzigung den Anschein fehlender Erhabenheit und mangelnden Mutes. Und es gibt auch Christen, für die diese Vorstellung ein Beweis für mangelnden Glauben ist. Sie hätten von Jesus erwartet, dass er sich ohne Angst und Aufregung Folter und Tod stellt.

Interessanterweise kürzt der Evangelist Lukas die Schilderung der Ereignisse im Garten Gethsemane um etwa die Hälfte, sodass die Angst und die inneren Qualen Jesu weniger heftig scheinen (obwohl jemand, der das Lukasevangelium offenbar zu einem späteren Zeitpunkt noch bearbeitet hat, das Detail hinzufügt, dass Jesu Schweiß wie Blut auf die Erde getropft sei; Lukas 22,44). Es hat fast den Anschein, als ob durch diesen Zusatz der minimalistische Ansatz von Lukas zurechtgerückt werden soll). Im Johannesevangelium kommt die Geschichte über die Angst Jesu gar nicht vor.

Manche Christen sind der Meinung, dass der Grund für die Angst und die Qualen und auch später für den »Verlassenheitsschrei« Jesu am Kreuz (»Mein Gott, mein Gott, warum hast du mich verlassen?«, Markus 15,34) nicht Angst oder mangelndes Vertrauen in den Plan Gottes war oder gar der Wunsch, Folter und Tod zu umgehen. Für sie sind das Geschehen in Gethsemane und der »Verlassenheitsschrei« Jesu am Kreuz, der ja ein Zitat aus Psalm 22 (Vers 2) ist, ein Zeichen für ein bestimmtes Verständnis von Sühne.

Nach diesem Verständnis legt Gott die Sünden der ganzen Welt auf Jesus, als er am Kreuz hängt, und muss sich in diesem Augenblick von Jesus abwenden, sodass es zum ersten Mal zu einer Trennung des Vaters von seinem Sohn kommt. Dieser Sicht von Sühne zufolge muss Gott sich von seinem Sohn abwenden, weil er heilig ist und nicht mit den Sünden der Welt in Berührung kommen darf, die auf seinem Sohn liegen. Dass der Vater sich »abwendet«, führt nach diesem Verständnis zu dem Verlassenheitsgefühl Jesu am Kreuz (»Warum hast du mich verlassen?«). Und weil Jesus bereits im Garten Gethsemane weiß, was geschehen wird, weil er weiß, dass diese Trennung vom Vater bevorsteht, hat er eine so tiefe Angst.

Das ist zwar ein schlüssiger Gedanke, aber ich glaube, dass dieses Sühneverständnis das Geschehen am Kreuz falsch interpretiert und das Wesen Gottes falsch darstellt. Wir sprechen zwar davon, dass Jesus die Sünde der Welt auf sich genommen hat, aber der Gedanke dabei ist nicht, dass der Vater Jesus praktisch mit der Sünde der Welt überhäuft, sondern dass Jesus am Kreuz freiwillig die Strafe für diese Sünde auf sich nimmt (er litt für Sünden, die er nicht begangen hatte), um uns mit Gott zu versöhnen. Es gibt demnach für den Vater keinen Grund, sich abzuwenden, sondern es handelt sich sogar um den größten Akt opferbereiter Liebe, den man sich vorstellen kann, und der gehört zum Plan Gottes. Gott schaut nicht weg, sondern er sieht voller Liebe und unter Qualen das Leiden seines Sohnes mit an. Gott ist bekümmert darüber, denn er sieht im Leiden und dem Tod Jesu die Bemühung seines Sohnes, die Welt zu Gott hin zu ziehen. Indem er dieser Tat zuschaut, schließt sich der Vater in diesen Stunden am Kreuz in das Leiden seines Sohnes ein.

Aber wenn das alles wirklich so ist, wieso ist Jesus dann so gequält und hat solche Angst? Lassen Sie uns einige mögliche Gründe etwas genauer betrachten, von denen jeder Erkenntnisse über die Bedeutung von Gethsemane bringt.

Das »Warum« der Angst Jesu

Möglicherweise hat Jesus im Garten Gethsemane solche Angst, weil er einmal mehr mit dem Versucher ringt – demselben Versucher, der schon zu Beginn des öffentlichen Wirkens Jesu versucht hat, ihn vom Kreuz weg zu lenken. Vielleicht hört Jesus den Teufel flüstern: »Bist du sicher, dass du der Sohn Gottes bist? Wenn du es nicht bist, dann wirfst du dein Leben weg!« Oder vielleicht hört er ihn auch sagen: »Glaubst du wirklich, dass Gott seinen Sohn sterben lassen will? Das kann doch nicht

wirklich sein Wille sein; das hast du bestimmt missverstanden.«
Vielleicht flüstert der Versucher auch: »Bist du sicher, dass es
nicht auch einen anderen Weg gibt? Überleg doch mal. Du bist
erst 33! Du könntest noch so viel mit deinem Leben anfangen.
Flieh jetzt sofort; noch hast du die Zeit! Oder sag ihnen einfach,
was sie hören wollen, dann lassen sie dich bestimmt gehen!«

Der gedankliche und geistliche Aufruhr einer solchen Versuchung wäre sicher enorm gewesen. Es wäre das Angebot
gewesen, das Leiden zu vermeiden. Und wie leicht wäre die
Entscheidung zu rechtfertigen gewesen, das Kreuz zu umgehen.
Können Sie sich vorstellen, welche Gedanken Jesus durch den
Kopf gegangen sind? Wie viele Leben mehr er hätte anrühren
können! Und die Jünger – schauen Sie sich die doch nur an; sie
schlafen! Sie sind nicht bereit, sein Werk weiterzuführen. Was,
wenn der gesamte Auftrag am Kreuz endet? Wäre dann alles
umsonst gewesen?

Ist es ein Zufall, dass Jesus drei Mal betet, der Kelch möge an
ihm vorübergehen? Oder soll es uns an die drei Versuchungen
durch den Teufel in der Wüste erinnern (Lukas 4,1–13)? Wir
haben ja schon erwähnt, dass Johannes der Einzige ist, der in
seinem Evangelium Gethsemane als Garten bezeichnet. Vielleicht ist das ein Verweis auf den Garten Eden, in dem andere
zu kämpfen hatten und dem Versucher auf den Leim gingen.
Doch hier, im Garten Gethsemane widersteht Jesus der Versuchung ebenso wie drei Jahre zuvor in der Wüste, und dieses Mal
betet er zu seinem Vater: »Aber nicht, was ich will, sondern was
du willst, soll geschehen« (Lukas 22,42).

Es gibt eine zweite Erklärungsmöglichkeit für die Angst Jesu
dort im Garten Gethsemane, zumindest aber einen zusätzlichen
Aspekt, der zu der Angst beigetragen haben kann, nämlich sein
Wissen um das Schicksal Jerusalems, wenn der Konflikt mit
den jüdischen Führern auf diese Art auf die Spitze getrieben
wird. Wenn Jesus stirbt, dann werden die meisten Menschen
nicht glauben, dass er der Messias ist, und sie werden weiter auf

den richtigen warten. Sie werden doch gar nicht begreifen, dass Gott will, dass sie ihre Feinde lieben, und sie werden auf einen Messias warten, der ihr Anführer beim Sturz des römischen Reiches sein würde.

Und sie brauchen nicht lange zu warten. Dreißig Jahre nach dem Tod und der Auferstehung Jesu finden diejenigen, die auf der Suche nach einem militärischen Messias sind, einen Mann, der sie in einen Krieg gegen die Römer anführt. Die Reaktion der Römer darauf ist schnell und heftig. In der Zeit zwischen 66 und 73 n. Chr. vernichten die Römer das jüdische Volk, indem sie über eine Million Juden und ihre Unterstützer töten. Jerusalem wird in Schutt und Asche gelegt, und der Tempel wird zerstört.

Jesus ist klar, was auf das jüdische Volk zukommt, wenn er gekreuzigt wird. Ob wohl auch dieses Wissen ihm in jener Nacht so schwer zugesetzt hat? Man bedenke, dass Jesus sich entscheidet, im Garten Gethsemane zu beten, von wo aus er einen Blick auf die Heilige Stadt hat. Von dort aus kann er den Tempel sehen, den Tempel, der zerstört werden würde. Wenn das ein bisschen weit hergeholt scheint, dann denken Sie an das einzige Mal, an dem Lukas berichtet, dass Jesus weint. Das ist am Palmsonntag gewesen, also nur vier Tage zuvor. Da ist Jesus vom Ölberg nach Jerusalem herunter gekommen, und der Evangelist Lukas beschreibt die Szene folgendermaßen:

> *Als Jesus die Stadt Jerusalem vor sich liegen sah, weinte er über sie. »Wenn du doch nur erkannt hättest, was dir Frieden bringt!«, rief er. »Aber jetzt bist du mit Blindheit geschlagen.*
>
> *Der Tag wird kommen, an dem deine Feinde einen Wall um deine Mauern aufschütten und dich von allen Seiten belagern. Deine Mauern werden fallen und alle Bewohner getötet werden. Kein Stein wird auf dem anderen bleiben. Warum hast du die Gelegenheit nicht genutzt, die Gott dir geboten hat?«* (Lukas 19,41–44)

Bedenken Sie, dass nur Stunden zuvor Jesus am Tempelberg gestanden und vorhergesagt hat: »Kein Stein wird hier auf dem anderen bleiben« (Matthäus 24,2); und er beschreibt eine »kleine Apokalypse«, die in lebhaften Einzelheiten schildert, wie Jerusalem zerstört werden wird (Matthäus 24). Als Jesus Gott also im Garten Gethsemane die Frage stellt, ob er den Kelch wirklich trinken muss, da trauert er nicht nur um sich selbst, sondern auch über das, was mit der Stadt geschehen wird.

Ich glaube, dass diese beiden Aspekte die Angst und die Qualen Jesu ein Stück weit erklären könnten, aber wir dürfen auch den ganz offensichtlichen Grund dafür nicht außer Acht lassen. Können wir zulassen, dass Jesus wirklich ganz Mensch ist? Hat nicht die Kirche immer versichert, dass in Jesus Gott »ganz Mensch« geworden ist? Sagt Paulus nicht, dass sich in Jesus der Sohn ganz und gar seiner Göttlichkeit »entäußert«, sie also ablegt (Philipper 2,7)? Was würden Sie empfinden, wenn Sie wüssten, dass Sie im Laufe der nächsten Stunden gefoltert, öffentlich gedemütigt und dann einer der grausamsten, unmenschlichsten und qualvollsten Arten von Hinrichtung unterzogen würden, die jemals von Menschen erdacht wurde? Was wäre, wenn Sie wüssten, dass Ihr Tod die Möglichkeit schrecklicher Gräueltaten nach sich zöge, die Sie verhindern könnten? Können Sie jetzt nachvollziehen, weshalb Jesus solche Angst gehabt hat?

In den folgenden Kapiteln werden wir uns mit der Art der Demütigung, Folter und des Todes befassen, die auf Jesus zukommen, nachdem er den Kelch getrunken hat. Als Mensch hat er jedenfalls allen Grund, das Gefühl zu haben, »unter der Last zu zerbrechen« (Markus 14,34).

»Aber nicht, was ich will, sondern was du willst« (Markus 14,36)

Jeder weiß, wie es ist zu spüren, dass Gott etwas Bestimmtes von einem will, aber leider etwas, das man selbst so gar nicht möchte. Vielleicht werden wir aufgefordert, in einem neuen Bereich mitzuarbeiten oder eine Beziehung zu beenden, die uns nicht gut tut, oder einer Organisation eine Spende zukommen zu lassen in einer Höhe, die ein echtes Opfer für uns bedeutet. Es kann ein Ruf in einen Kurzzeiteinsatz in der Mission sein oder auch eine Berufung zu einem Langzeiteinsatz, oder es handelt sich vielleicht um die Berufung in einen Bereich der Mitarbeit, der nicht gerade in unserer Wohlfühlzone liegt.

Eine Frau meiner Gemeinde fühlte sich berufen, einen »Alphakurs« zu leiten (das ist eine Einführung in den christlichen Glauben), und zwar in einem Staatsgefängnis. Als sie sich dann aber das erste Mal den Sicherheitsschranken und den Stacheldrahtzäunen des Gefängnisses näherte und mit Häftlingen zusammentraf, bekam sie Angst und hätte am liebsten einen Rückzieher gemacht. Ein anderes Gemeindemitglied fühlte sich von Gott dazu berufen, ihren Job in einem Unternehmen aufzugeben und als Missionarin in Honduras zu arbeiten. Wieder eine andere fühlte sich berufen, eine Arbeit für Obdachlose ins Leben zu rufen. Und noch eine andere war sicher, von Gott dazu berufen zu sein, ein Kind aus einem Heim zu adoptieren.

Jede dieser Personen hat Augenblicke erlebt, in denen sie im Zusammenhang mit diesem Auftrag Gottes Angst bekam, und jede von ihnen hat letztlich das Gleiche gebetet wie damals Jesus: »Nicht, was ich will, sondern was du willst.« Dieses Gebet zeigt, was absolutes Vertrauen ist. Es ist mutig genug, Gott unsere Wünsche vorzutragen, aber auch demütig und gehorsam genug, zu versichern, dass wir tun werden, wozu auch immer uns Gott beruft, was es auch kosten mag.

Ich bete fast jeden Morgen das Hingabe-Gebet nach der Überlieferung des großen Erweckungspredigers John Wesley.

Es beginnt mit den Worten: »Ich gehöre nicht mehr mir, sondern dir. Stelle mich, wohin du willst. Geselle mich, zu wem du willst ...« Anders ausgedrückt: »Nicht, was ich will, sondern was du willst.« Dieses schlichte Gebet des Gehorsams und des Vertrauens trägt viel zum inneren Frieden bei. Jesus lehrt uns dadurch, dass es absolut in Ordnung ist, Gott zu sagen, was wir uns wünschen und erhoffen (»Lass diesen Kelch an mir vorübergehen«, Markus 14,36, *Lutherbibel*), dass aber das letzte Wort in unserem Gebet Vertrauen und die Unterordnung unter den Willen Gottes sein soll (»Aber nicht, was ich will, sondern was du willst«, Markus 14,36).

Verraten durch einen Kuss

Wir wenden uns jetzt dem letzten Teil dieses Abschnittes des Geschehens zu, der sich irgendwann zwischen ein Uhr und drei Uhr nachts zuträgt. Zu diesem Zeitpunkt erreicht Judas, einer der zwölf Jünger, den Garten. Er führt die Männer an, die von den religiösen Führern geschickt worden sind, um Jesus gefangen zu nehmen. Indem sie Jesus bei Nacht verhaften, vermeiden die Oberen der Juden Widerstand gegen ihr Vorgehen. Jesus weiß, dass er verhaftet werden wird, und er weiß sogar, dass sein Freund Judas ihn verraten wird. Aber was mag Jesus wohl empfunden haben, als er jetzt Judas auf sich zukommen sieht?

Die Bildsprache ist hier so stark, dass noch 2 000 Jahre später der Name »Judas« für »Verräter« steht. Warum verrät Judas Jesus? Zu diesem Thema ist schon unglaublich viel geschrieben worden. Es gibt Stimmen, die behaupten, dass Judas Jesus durch seinen Verrat zum Handeln zwingen wollte, denn Judas hatte fest geglaubt und damit gerechnet, dass Jesus eine Armee zusammenstellen und einen Aufstand gegen die römischen Besatzer anführen würde. Andere sind der Meinung, das Enttäuschung der Grund war, weshalb Judas Jesus verrät, und wieder andere halten reine Geldgier für Judas' Motiv. Von den

Verfassern der Evangelien erfahren wir, dass, was auch immer sein Motiv gewesen sein mag, Judas nach der Verhaftung und nachdem Jesus vor Gericht gestellt wird, zutiefst verzweifelt ist und sich das Leben nimmt, als Jesus gekreuzigt worden ist.

Judas ist eine tragische Gestalt, aber wohl jeder von uns ist schon irgendwann einmal Judas gewesen, und zwar sowohl Jesus als auch anderen Menschen gegenüber. Wir haben ja bereits festgestellt, dass auch Judas selbst in dieser Nacht hin und her gerissen ist und Angst hat. Das Zeichen, durch das er Jesus verraten will, ist ein Kuss.

Das griechische Wort für »Kuss«, das hier in der Bibel verwendet wird, ist *philein*, das ist ein Begriff, der echte gegenseitige Zuneigung ausdrückt. Judas liebt Jesus zwar, aber er ist auch bereit, ihn zu verraten. Er liebt ihn, aber er ist auch enttäuscht von ihm. Er liebt ihn, aber er verkauft seinen Freund für 30 Silberstücke.

Es gibt Stimmen, die behaupten, dass Jesus Judas am Ende vergeben hat, und dass Judas im Himmel das ultimative Zeichen der Gnade Gottes ist. Es gibt allerdings auch Stimmen, die dieser Sichtweise widersprechen. Was meinen Sie? Wenn Judas Jesus um Gnade gebeten hätte, hätte Jesus sie ihm dann wohl gewährt?

Im Laufe der Verhaftung Jesu zieht irgendwann Petrus ein Schwert und schlägt damit dem Diener des Hohenpriesters ein Ohr ab. (Johannes nennt ihn sogar mit Namen – »Malchus« [Johannes 18,10]). Lukas, der ja von Beruf Arzt war, berichtet, dass Jesus das Ohr des Mannes wieder heilt (Lukas 22,51). Ich liebe dieses kleine Detail in dem Bericht. Am Vorabend seiner eigenen Folter und Kreuzigung nimmt sich Jesus die Zeit, einen Mann zu heilen, der geschickt worden ist, um ihn zu verhaften. Und dann befiehlt er seinen Jüngern auch noch, das Schwert einzustecken mit den Worten: »Wer Gewalt anwendet, wird durch Gewalt umkommen« (Matthäus 26,52).

Nach seiner Verhaftung wird Jesus dann von der schwer bewaffneten Horde gefesselt, und als ihr Lehrer in Ketten

gelegt wird, fliehen die Jünger. Markus berichtet – eine For-
mulierung, die manche für eine autobiografische Anspielung
halten –. dass ein junger Mann, der Jesus nachfolgt, bei den
Jüngern im Garten ist. Als er flieht, versucht jemand, ihn bei
seinem Gewand zu packen, aber er rennt so panisch davon, dass
er sein Gewand zurücklässt und nackt in die Dunkelheit rennt
(Markus 14,51–52). Jesus steht da und muss mit ansehen, wie
alle seine Jünger ihn im Stich lassen. Nur Judas bleibt. Jesus ist
durch einen Kuss verraten und dann von seinen Freunden im
Stich gelassen worden. Und das ist erst der Anfang seines Leidens.

3. Von den Gerechten verurteilt

Und sie führten Jesus zu dem Hohenpriester; und es versammelten sich alle Hohenpriester und Ältesten und Schriftgelehrten ... Die Hohenpriester und der ganze Hohe Rat suchten Zeugen, die durch falsche Aussagen Jesus so belasten sollten, dass man ihn zum Tode verurteilen konnte ... Aber Jesus schwieg. Da stellte ihm der Hohepriester eine weitere Frage: »Bist du Christus, der Sohn Gottes?« – »Ja, der bin ich«, antwortete Jesus. »Ihr werdet den Menschensohn an der rechten Seite Gottes sitzen und auf den Wolken des Himmels kommen sehen.« Empört zerriss der Hohepriester sein Gewand und rief: »Das genügt! Wozu brauchen wir noch weitere Zeugen? Ihr habt ja seine Gotteslästerung selbst gehört. Wie lautet euer Urteil?« Einstimmig beschlossen sie: »Er muss sterben.«

Einige von ihnen spuckten Jesus ins Gesicht, verbanden ihm die Augen und schlugen mit den Fäusten auf ihn ein. »Na, du Prophet«, verhöhnten sie ihn, »sag uns, wer hat dich geschlagen?« Auch die Männer, die Jesus abführten, schlugen ihn.

Petrus war immer noch unten im Hof. Eine Dienerin des Hohenpriesters sah ihn am Feuer sitzen und sagte: »Du gehörst doch auch zu diesem Jesus von Nazareth!« Doch Petrus behauptete: »Ich weiß nicht, wovon du redest!« Schnell ging er hinaus in den Vorhof. Da krähte ein Hahn. Aber auch hier erkannte ihn die Dienerin und sagte vor allen Leuten: »Das ist auch einer von denen, die bei Jesus waren!« Wieder bestritt Petrus es heftig. Doch nach einer Weile sagten auch die Umstehenden: »Natürlich gehörst du zu seinen Freunden; du kommst doch auch aus Galiläa!« Da rief Petrus: »Ich schwöre euch: Ich kenne diesen Menschen überhaupt nicht, von dem ihr da redet! Gott soll mich verfluchen, wenn ich lüge!« In diesem Augenblick krähte der Hahn zum zweiten Mal, und Petrus fielen die Worte ein, die Jesus gesagt hatte: »Ehe der Hahn zweimal kräht, wirst du dreimal geleugnet haben, mich zu kennen.« Da fing Petrus an zu weinen. (Markus 14,53; 55; 61–72)

Donnerstag nach Mitternacht:

Im Haus des Hohenpriesters

VON DER STELLE AUS, WO er steht, kann Jesus über das Kidrontal auf die große Mauer des Tempels schauen, wo er Anfang der Woche noch gepredigt hat. Die Menschen, deren Jubelrufe ihm am Sonntag so laut in den Ohren geklungen haben, schlafen jetzt alle, nachdem sie das Passahmahl gefeiert haben. Die Jünger, mit denen er sein Leben geteilt hat, seit er die ersten von ihnen am Rand des Sees Genezareth berufen hat, sind in dem Durcheinander bei der Verhaftung geflohen. Jetzt wird er an Händen und Füßen gefesselt wieder in die Stadt zurückgebracht.

Wieder führt der Weg an den Gräbern der alten Priester vorbei – Gräber, die sich bis heute dort befinden – und vorbei an den Stadttoren, über die es im Buch Hesekiel heißt, dass der Messias durch sie eines Tages die Stadt betreten wird. Sie gehen vorbei am Tempel, weit unterhalb der hohen Zinnen, auf denen, wie berichtet wird, Jesus vom Teufel versucht worden ist. Der Teufel hat Jesus damals aufgefordert, sich hinunterzustürzen. Dadurch, dass die Engel ihm zur Hilfe eilen und ihn auffangen würden, könne er den Erweis erbringen, dass er wirklich der Messias sei.

Sie gehen durch das Tal, stoßen und zerren Jesus zuerst den Berg Zion hinauf und dann durch die Unterstadt der Stadt Davids, die 1000 Jahre zuvor von König David erbaut worden ist. Sie gehen die lange Treppe hinauf, die von der Unter- in die Oberstadt führt – eine Treppe, die zum Teil bis heute intakt ist. Bis heute benutzen Besucher diese Treppe und erinnern sich an den Weg, den Jesus in dieser Nacht zurücklegt, indem sie ihn selbst gehen. Auch ich bin schon barfuß diese Treppe hinaufgegangen, habe den Stein unter meinen Fußsohlen gespürt und mir vorgestellt, wie es damals in jener Nacht wohl gewesen sein mag. Nach einer Wegstrecke von etwa anderthalb Kilometern vom Garten Gethsemane aus, für die sie etwa 20 Minuten gebraucht haben werden, führen die Wachen Jesus in den Palast des Hohenpriesters Kaiphas. Zwei Jünger, Petrus und Johannes, haben inzwischen all ihren Mut zusammengenommen und sind dem Zug der Wachen mit dem gefangenen Jesus in größerem Abstand gefolgt. Sie sind verzweifelt, haben große Angst und verbergen sich immer wieder im Schatten.

Jesus vor dem Hohenpriester Kaiphas

Als Jesus erst einmal in Haft ist, wird eilig der Hohe Rat (Sanhedrin), die höchste religiöse und politische Instanz der Juden, im Palast des Hohenpriesters einberufen. An der Stelle, von der man annimmt, dass dort damals dieser Palast gestanden hat, befindet sich heute eine Kirche mit dem Namen *St. Peter Gallicantu* (St. Peter zum Hahnenschrei). Unter dem Boden der Kirche befindet sich eine Gefängniszelle, eine kalte Steingrube, wahrscheinlich eine ehemalige Zisterne. Es heißt, dass Jesus zunächst darin festgehalten worden sei, während der Hohe Rat über sein Schicksal verhandelt habe, und dann noch einmal, als er nach Sonnenaufgang auf seine Überstellung zu Pontius Pilatus gewartet habe. Es ist nicht schwer, sich vorzustellen, wie Jesus in dieser Grube die Worte aus Psalm 88,2–5 betet:

Herr, Gott, mein Heiland,
ich schreie Tag und Nacht vor dir.
Lass mein Gebet vor dich kommen,
neige deine Ohren zu meinem Schreien.

Denn meine Seele ist übervoll an Leiden,
und mein Leben ist nahe dem Tode.
Ich bin denen gleich geachtet,
die in die Grube fahren.

Der Hohe Rat besteht damals aus 71 Mitgliedern, die als die frömmsten und klügsten Männer ihrer Zeit gelten. Der Grundgedanke eines solchen Rates stammt aus 4. Mose 11,16, wo Gott Mose befiehlt, 70 Führer zu berufen, die mit ihm zusammen im Namen Gottes das Volk Israel regieren sollten. Zur Zeit Jesu bestimmten die 71 Männer genau so über die Glaubensangelegenheiten den Volkes Israels, wie die Römer über die politischen Angelegenheiten bestimmten. Der Hohe Rat hat die Kontrolle über den Tempel und die religiöse Rechtsprechung. Er besteht aus Männern, die ihr Leben ganz Gott geweiht haben, und ihr Hohepriester ist der religiöse Führer der Zeit.

Normalerweise kam der Hohe Rat damals bei Tag in den Tempelvorhöfen zusammen und während der religiösen Feste gab es gar keine Zusammenkünfte. Die Tatsache also, dass der Hohe Rat im Haus des Hohenpriesters einberufen wird, und zwar bei Nacht und während des Festes der ungesäuerten Brote, zeigt, wie ungewöhnlich dieses Vorgehen ist und wie dringlich und gleichzeitig geheim die Angelegenheit für die jüdischen Oberen ist.

Wir müssen an dieser Stelle kurz einen Schritt zurücktreten von dem, was sich dort gerade ereignet, um dessen ganze Tragweite zu erkennen und die tragische Ironie des Ganzen zu begreifen. Christen glauben, dass in Jesus Gott als Mensch auf diese Erde gekommen ist. So gesehen, ist er wie ein Kaiser, der seine Untertanen gern kennenlernen möchte, sich zu diesem Zweck in Alltagskleidung unter sie mischt und von niemandem erkannt und verstanden wird. Der Gott des gesamten Universums hat beschlossen, in Menschengestalt als Wanderprediger, Lehrer, Zimmermann, Heiler – und als Armer zu leben. Er kommt als einer von uns zu uns. Er heilt Kranke, vergibt Sündern, zeigt denen, die verloren sind, Mitgefühl und macht den Menschen deutlich, wie Gott wirklich ist.

Die Ironie an dieser Stelle ist kaum zu übersehen: Es sind nicht die »Sünder«, die den Mensch gewordenen Gott verhaften, der unter uns lebt, sondern die frömmsten und gläubigsten Leute der damaligen Zeit. Der Gott, dem zu dienen sie behaupten, lebt als Mensch unter ihnen, aber sie erkennen ihn nicht. Sie sind so geblendet von ihrer Liebe zur Macht und von ihrer Angst, diese Macht zu verlieren, dass sie ihn nicht erkennen. Die Menschen, von denen man am ehesten erwarten würde, dass sie Jesus erkennen und ihm zujubeln, nehmen ihn stattdessen fest, halten ihn in einer dunklen Zelle gefangen und stellen ihn vor Gericht. Sie stellen Gott unter der Anklage der Gotteslästerung vor Gericht. Die Aussage Jesu, dass er der Messias ist, empört sie; und sie befinden ihn für schuldig, überführen Gott eines Verbrechens, das die Todesstrafe verdient hat – Gotteslästerung gegen sich selbst. Sie bespucken ihn, verbinden ihm die Augen und schlagen ihn (Markus 14,65). »Weissage uns, Christus«, schreien sie. »Wer ist es, der dich schlug?« (Matthäus 26,68). Dann übergeben sie ihn wieder den Wachen, von denen er erneut geschlagen wird (Markus 14,65).

Die Frage, die wir stellen sollten, ja, die wir stellen *müssen*, lautet:»Wie war so etwas möglich?« Wie ist es möglich, dass 71 rechtschaffene, gottesfürchtige Männer so etwas tun? Warum verurteilen sie einen unschuldigen Mann zum Tode? Und selbst wenn sie ihn für einen falschen Messias halten, weshalb bespucken ihn fromme Männer, die als Säulen der Gemeinschaft gelten? Warum verbinden sie ihm die Augen und verspotten und schlagen ihn?

Ich glaube, die Antwort lautet: Aus Angst. Diese Männer sehen in Jesus eine Bedrohung für ihren Lebensstil, ihre Autoritätsstellung und ihren Status bei den Juden. Sie haben gesehen, wie sich Menschenmengen um Jesus scharten, und sie haben all diese Menschen sagen hören:»Was ist das? Eine neue Lehre in Vollmacht! Er gebietet auch den unreinen Geistern und sie gehorchen ihm!« (Markus 1,27). In den Augen der Pharisäer ist Jesus eine Bedrohung für die gesamte Gesellschaftsordnung.

Die Reaktion des Hohenpriesters Kaiphas entspricht dann auch dieser gefühlten Bedrohung. Wir können uns vorstellen, wie er sagt:»Dieser Mann ist gefährlich. Wenn sich die Menschen um ihn scharen, dann werden die Römer davon Wind bekommen; und wer weiß, was sie dann mit unseren Leuten machen? Das könnte für das gesamte Volk – und für uns ganz sicher – großes Leid nach sich ziehen. Es ist doch besser, wenn einer stirbt, als wenn alle leiden müssen. Jesus muss sterben.«

Und dieser Gedanke ist denn auch nicht schwer zu verkaufen. Ihre Angst und Unsicherheit zeigt Wirkung, nagt an ihnen; und Angst bringt Hass hervor, und der wiederum führt oft zu tragischen Ausbrüchen von Unmenschlichkeit. In diesem Teil der Geschichte geht es nicht nur um 71 vermeintlich fromme Juden im ersten Jahrhundert, sondern hier geht es um den Zustand der Menschheit.

Angst wirkt wie ein Gift

Angst gehört zum Menschsein dazu. Sie ist sogar ein Geschenk Gottes, denn sie ist ein Mechanismus, der unserem Schutz dient. Sie ist ein Teil unseres Selbsterhaltungstriebes. In gefährlichen Situationen kann Angst lebensrettend sein. Es gibt Situationen, in denen wir kämpfen müssen, aktiv Energie einsetzen, um uns selbst zu retten, aber es gibt auch Situationen, in denen es angesagt ist, die Beine in die Hand zu nehmen und wegzulaufen. Leider ist unser Selbsterhaltungstrieb gepaart mit unserem Trieb zu sündigen. In uns allen ist etwas, das nicht in Ordnung, das kaputt ist. Wir neigen dazu, das Falsche zu tun, zu verdrehen, was eigentlich zum Guten gedacht ist, es zu missbrauchen und zu verzerren. Das weiß ich und Sie wissen es auch.

Wenn wir uns den Hohen Rat anschauen, und wie Jesus dort behandelt wird, dann möchte ich Sie einmal bitten, zu überlegen, in wieweit diese Geschichte auch etwas mit Ihnen zu tun hat. Angst hat nämlich bei allen Menschen eine vergiftende Wirkung. Wie oft ist Angst unsere stärkste oder sogar einzige Motivation? Inwieweit werden wir von unserer Angst dazu verleitet, und zwar als Einzelpersonen wie auch als ganze Völker, das Falsche zu tun, etwas, das zu anderen Zeiten undenkbar wäre – und dann dieses Handeln auch noch als zwingend notwendig zu rechtfertigen?

Inwieweit mag im Jahre 1692 in Salem Angst zu der Hexenjagd beigetragen haben oder auch zur »Kommunistenhatz« in der McCarthy-Ära 1952? Welche Rolle hat Angst bei den Apartheidgesetzen in Südafrika gespielt oder bei den »Jim-Crow-Gesetzen« zur Rassentrennung in den Vereinigten Staaten? Inwiefern hat Angst die Außenpolitik der USA während des Kalten Krieges oder nach dem 11. September 2001 bestimmt? Inwieweit bringt uns Angst dazu, Dinge zu tun, die wir später bereuen?

Es muss jedem bewusst sein, welche Macht Angst hat, und wir dürfen die Lektionen, die uns die Geschichte dazu gelehrt hat, nicht vergessen. Wenn wir unsere Berufung zu lieben überschatten lassen von unserer angeborenen Angst, dann sind wir alle dazu fähig, das Undenkbare zu unterstützen oder sogar selbst zu tun. Wenn ich in der Bibel den Bericht darüber lese, wie Jesus vor dem Hohen Rat steht und über ihn gerichtet wird, dann frage ich mich: »Hätte ich zu denen gehört, die aus Angst und Unsicherheit und aus Hass, der durch solche Gefühle entsteht, Jesus für Verbrechen schuldig sprachen, die den Tod verdienten?«

Ich habe schon häufiger von nicht gläubigen Freunden die Aussage gehört: »Ich würde ja an Gott glauben, wenn er sich zeigen würde, wenn er bei mir zu Hause an die Tür klopfen würde.« Aber genau das hat Gott ja einmal getan, und daraufhin haben die Menschen das mit ihm getan, was ich gerade geschildert habe. Wären Sie oder ich oder meine nicht gläubigen Freunde dabei gewesen, so fürchte ich, dass wir mit den anderen mitgemacht hätten. Ich erkenne mich selbst im Hohen Rat wieder. Ich fürchte, ich hätte dieselbe Entscheidung getroffen.

Prediger wissen um diese Angst. Es ist so einfach, Angst einzusetzen, um die Menschen in den Gemeinden auf Kurs zu halten, aber davor müssen wir uns in Acht nehmen. Auch Politiker benutzen diese Methode des Angstmachens – schauen Sie sich nur einmal Wahlplakate oder Werbespots der Parteien an. Und leider funktioniert diese Methode immer wieder.

Die Frage, die wir uns als Christen sowohl für unser persönliches Leben als auch in Bezug auf das Verhalten in der Gesellschaft stellen müssen, lautet nicht: »Was bietet mir am meisten Sicherheit?« sondern »Wie verhalte ich mich am liebevollsten?« Am Ende siegt die Liebe auf eine Weise, wie es Angst und Hass und Gewalt niemals können. Und genau das lehrt uns die Bibel darüber, wie Gott handelt. Dabei muss ich an den folgenden Abschnitt aus dem ersten Johannesbrief denken:

*Gott ist Liebe, und wer in dieser Liebe bleibt, der bleibt
in Gott und Gott in ihm. Wenn Gottes Liebe uns ganz
erfüllt, können wir dem Tag des Gerichts voller Zuversicht entgegengehen. Denn wir leben in dieser Welt so,
wie Christus es getan hat. Wirkliche Liebe ist frei von
Angst. Ja, wenn die Liebe uns ganz erfüllt, vertreibt sie
sogar die Angst … Wir lieben, weil Gott uns zuerst geliebt
hat. Sollte nun jemand behaupten: »Ich liebe Gott«, und
dabei seinen Bruder oder seine Schwester hassen, dann
ist er ein Lügner. Wenn er schon seine Geschwister nicht
liebt, die er sehen kann, wie will er dann Gott lieben, den
er nicht sieht?* (1. Johannes 4,16–20)

Ich bin sicher, dass wenigstens ein paar der 71 Mitglieder des
Hohen Rates hinterfragt haben, ob die Entscheidung richtig
war, Jesus zum Tode zu verurteilen und dann von den Römern
hinrichten zu lassen. Einige von ihnen haben sich bestimmt
gefragt, ob dieser Mann nicht vielleicht doch der Messias war.
Aber in keinem der Berichte in den Evangelien über Jesu Verurteilung durch den Hohen Rat gibt es den geringsten Hinweis
darauf, dass auch nur ein einziger von ihnen, einmal abgesehen
von Joseph von Arimathäa, Einspruch erhoben hätte, als sie von
Pilatus verlangen, Jesus zum Tode zu verurteilen.

Und daran wird ein weiteres typisches Merkmal des Mensch-
seins deutlich: Es fällt uns unglaublich schwer, uns denen zu
widersetzen, die das Sagen haben oder in der Mehrheit sind,
selbst wenn wir wissen, dass sie Unrecht tun. Wenn es ernst
wird, dann haben wir meistens Angst, aufzustehen und uns zu
widersetzen. Ich habe das auch selbst schon hin und wieder
erlebt. Es hat Gelegenheiten gegeben, da wurde von Menschen,
die etwas zu sagen hatten, der Beschluss gefasst: »So machen
wir es jetzt. Das ist der richtige Weg«, und ich habe nichts dagegen gesagt aus Angst, dann dumm dazustehen und komisch
angeschaut zu werden. Ich habe das Gefühl, dass es damals

im Hohen Rat Leute gegeben hat, die später gedacht haben: »Warum habe ich bloß nichts gesagt?«

Martin Niemöller war während der Nazizeit lutherischer Pastor. Er sah die Sünden, die gegen die Juden begangen wurden, entschied aber anfänglich, nichts dagegen zu sagen. Erst später äußerte er sich zu dem, was er gesehen hatte.

Folgende Worte, die Niemöller zugeschrieben werden, bringen seine Analyse der Situation bewegend zum Ausdruck. »Erst haben sie die Kommunisten geholt, und ich habe nichts gesagt, weil ich kein Kommunist war. Dann haben sie die Juden geholt, und ich habe nichts gesagt, weil ich kein Jude bin. Dann haben sie die Katholiken geholt, und ich habe nichts gesagt, weil ich Protestant war. Und dann haben sie mich geholt, und da war niemand mehr da, der etwas hätte sagen können.«

Seine Worte erinnern mich an einen Ausspruch des englischen Philosophen Edmund Burke aus dem 18. Jahrhundert, der gesagt hat: »Das einzige, was nötig ist, damit das Böse triumphieren kann, sind gute Männer, die nichts tun.«

Den Mund zu halten und nichts zu tun, wenn man mitbekommt, dass Unrecht geschieht, ist Sünde.

Doch damals im Hohen Rat macht niemand den Mund auf. Niemand fragt: »Stimmt das hier wirklich mit dem überein, was wir glauben?« Wie oft ist so etwas auch in jüngster Geschichte passiert – beim Holocaust, im rassistischen Amerika, in Südafrika, in Abu Ghraib und in Ihrem und meinem Leben? Wie oft haben wir gewusst, dass Unrecht geschieht, aber Angst gehabt, den Mund aufzumachen und etwas dagegen zu sagen? Und ich spreche hier nicht davon, mit dem Finger auf die Sünden anderer zu zeigen. Wohl jeder kennt Christen, die gern auf die Sünden anderer hinweisen, aber das ist kein Mut, sondern das ist einfach nur widerwärtig. Was ich meine, sind Situationen, in denen man zu einer Gruppe gehört, die im Begriff ist, etwas eindeutig Falsches zu tun, oder wenn man mitbekommt, wie jemandem Unrecht getan wird und eigentlich nur jemand den Mund aufzumachen brauchte, um es zu verhindern, aber keiner tut es. Was wäre wohl passiert, wenn eines oder zwei Mitglieder des Hohen Rates einfach gesagt hätten: »Was wir hier tun, ist nicht richtig, egal, was wir von diesem Mann halten. Es widerspricht dem, was Gott uns lehrt«? Wenn wir an solchen Situationen persönlich beteiligt sind, sollten wir in der Lage zu sein, in Bescheidenheit und trotz aller Angst zu sagen: »Wisst ihr, das fühlt sich einfach nicht richtig an.« Wenn in solchen entscheidenden Situationen »Sag was« und »Wag es nicht, etwas zu sagen« im Kopf gegeneinander streiten, dann sagen Sie etwas!

»Ich bin« (Markus 14,62)

Im Zentrum dieses Sturms steht Jesus und hört zu, als all die »frommen« Männer Gründe dafür suchen, ihn hinrichten zu können. Er sieht, wie frustriert sie darüber sind, dass die Zeugen der Anklage, die sie aufrufen, ganz unterschiedliche Geschichten erzählen. Nach dem jüdischen Gesetz müssen nämlich mindestens zwei Zeugen übereinstimmend aussagen, damit der Täter als schuldig gilt, und eine solche Übereinstimmung gibt es in diesem Prozess nicht. Schließlich sehen die Mitglieder des Hohen Rates Jesus an, und der Hohepriester fragt: »Bist du Christus, der Sohn des Hochgelobten?« (Markus 14,61). Jetzt brauchte Jesus nur zu schweigen und es gäbe keinen Grund für eine Verurteilung, aber stattdessen antwortet er so, dass es für die Juden eine Gotteslästerung ist und für die Römer Verrat.

Jesu Antwort auf die Frage nach seiner Identität bringt drei Hinweise aus dem Alten Testament zusammen, von denen jeder den Hohen Rat darin bestärkt und bestätigt, ihn für schuldig zu erklären. Lassen Sie uns diese drei Aussagen etwas genauer betrachten.

Die erste Aussage von Jesus ist einfach als schlichte, wörtliche Antwort auf die Frage »Bist du der Messias?« zu lesen. Markus protokolliert sie als zwei griechische Wörter: »Ego eimi«, oder »Ich bin« (Markus 14,62). Aber Kaiphas ist natürlich klar, dass

es sich hier nicht um eine einfache und direkte Antwort handelt. Die direkte Antwort wäre nämlich gewesen: »Ich bin es«,
»Ich bin der Hochgelobte« oder sogar »Ich bin der Messias«.
Ein einfaches »Ich bin« im Griechischen enthält offensichtlich
einen Hinweis auf etwas sehr viel Wesentlicheres. Im Johannesevangelium sagt Jesus diese Worte immer wieder, sodass
Theologen auch von den »Ich bin-Worten« Jesu sprechen.
Die Bedeutsamkeit dieser Worte geht wahrscheinlich zurück
auf eine Schlüsselstelle im 2. Buch Mose, wo Mose 1200 Jahre
vor Jesus einen brennenden Busch sieht, aus dem die Stimme
Gottes kommt. Als Mose Gott nach seinem Namen fragt, damit
er ihn den Israeliten in Ägypten sagen kann, antwortet Gott:
»ICH BIN DER ICH BIN« (2. Mose 3,14, *Lutherbibel*). Deshalb
ist »Ich bin« nicht einfach nur die erste Person Singular des
Verbs »sein«, sondern im Hebräischen ist es der Name Gottes,
der wahrscheinlich *Jahwe* ausgesprochen wurde. Indem Gott
Mose seinen heiligen Namen offenbart, sagt er meiner Meinung
nach: »Ich bin der Ursprung und die Quelle allen Lebens« und
»Das Sein selbst kommt von mir«.

Wenn nun der Evangelist Markus Jesu Antwort auf die Frage
des Hohenpriesters »Ich bin« lauten lässt, beabsichtigt er damit,
dass die Leser die Verbindung zwischen Jesus und seinem Vater
erkennen. Markus erklärt, was Johannes im Prolog zu seinem
Evangelium schreibt: »Am Anfang war das Wort. Das Wort war
bei Gott, und das Wort war Gott selbst. Von Anfang an war es
bei Gott. Alles wurde durch das Wort geschaffen, und nichts ist
ohne das Wort geworden. Von ihm kam alles Leben, und sein
Leben war das Licht für alle Menschen« (Johannes 1,1–4).

Allein wegen dieser ersten Aussage von Jesus zerreißt Kaiphas
seine Kleider und befindet Jesus der Gotteslästerung für schuldig. Aber Jesus ist noch nicht fertig. Er fährt fort mit einer zweiten Aussage: »Ihr werdet den Menschensohn an der rechten
Seite Gottes sitzen und auf den Wolken des Himmels kommen
sehen« (Markus 14,62). Das ist ein Hinweis auf einen Abschnitt

der Schrift, der mit Daniel 7,13 beginnt. Jesus rechnet fest damit, dass Kaiphas den Rest der Stelle kennt.

Doch ich sah noch mehr in meiner Vision: Mit den Wolken am Himmel kam einer, der aussah wie ein Mensch. Man führte ihn zu dem alten Mann, der ihm Macht, Ehre und königliche Würde verlieh. Die Menschen aller Länder, Völker und Sprachen dienten ihm. Für immer und ewig wird er herrschen, sein Reich wird niemals zerstört. (Daniel 7,13–14)

Dort vor dem Hohen Rat setzt sich Jesus mit dem Messias gleich, der in diesem Abschnitt aus dem Buch Daniel beschrieben wird, hebt hervor, dass seine Herrlichkeit – seine Herrschaft über die ganze Welt – irgendwann in der Zukunft und nicht, wie die Juden gehofft haben, in der Gegenwart kommen wird. Jesus sagt, dass der Messias herrschen wird, wenn er kommt; und dass Gott, der Vater, ihm Macht und die Herrschaft über alle Völker schenken wird. Dann wird sein Wille geschehen, und an diesem Tag werden alle Völker ihn anbeten – und das ist allein Gott vorbehalten.

Außerdem sagt Jesus zu Kaiphas, dass der Menschensohn »an der rechten Seite Gottes« (Markus 14,62) sitzen wird, eine Anspielung auf Psalm 110,2–5, wo es heißt:

Der Herr, sprach zu meinem Herrn:
»Setze dich auf den Ehrenplatz an meiner rechten Seite,
bis ich dir alle deine Feinde unterworfen habe,
bis du deinen Fuß auf ihren Nacken setzt.«

Vom Berg Zion aus
wird der Herr deine königliche Macht ausweiten –
nun herrsche über alle deine Feinde.
Wenn du ein Heer zum Kampf aufstellst,
wird dir dein Volk begeistert folgen.

Feierlich geschmückt, voll jugendlicher Kraft,
stehen dir die jungen Krieger in großer Zahl zur Seite.
Gott, der Herr, hat meinem Herrn geschworen:
»In alle Ewigkeit sollst du ein Priester sein, so wie es
Melchisedek war!«

Zwei Mal ist in den Evangelien davon die Rede, dass Jesus diesen Psalm zitiert (Matthäus 26,64; Markus 14,62), der wahrscheinlich für und über David geschrieben wurde; und beide Male bezieht Jesus die Worte auf sich selbst und macht sich dadurch auf prophetische Weise zum Erbe dieser Verheißung. In diesem Abschnitt spricht der Herr (Jahwe) zu Jesus und setzt ihn als Herrscher zu seiner Rechten. Die Feinde, die mit in dem Raum sind, werden zum Schemel für seine Füße. Kein Zweifel, dass die Mitglieder des Hohen Rates gereizt reagieren, als sie sich den Psalm in Erinnerung rufen.

Der Verweis auf Melchisedek bezieht sich auf einen Vorfall, der 1600 Jahre vor der Zeit Jesu stattgefunden hat. Melchisedek ist ein König, der Abraham Brot und Wein bringt, nachdem Abraham Melchisedeks Feinde in einer Schlacht besiegt hat. Der Name »Melchisedek« bedeutet aus dem Hebräischen übersetzt »König der Gerechtigkeit«, und dieser Akt Melchisedeks ist eine Vorausschau auf das Brot und den Wein, die Jesus im Abendmahl anbietet. Melchisedek ist gleichzeitig König und Priester, so wie Jesus der König der Gerechtigkeit ist und als Priester handelt, indem er sich selbst um der Menschen Willen Gott zum Opfer darbietet. Jesus gibt sich selbst als der zu erkennen, der zur Zeit der Psalmisten vorhergesagt worden ist, und der in dem geheimnisvollen Melchisedek bereits angedeutet wird.

In diesem einen Satz – drei Aussagen – bezeugt Jesus, dass er der Messias ist, Gottes Auserwählter, und er spielt auf die ganz besondere Beziehung zwischen sich und Gott an. Jesus ist nicht nur ein wunderbarer Lehrer, er ist nicht nur ein Wundertäter, und er ist auch nicht der politische Messias, auf den die Menschen gehofft haben. Er versteht sich selbst als eng verbunden mit Jahwe, als der verheißene Menschensohn, der aus den Wolken wiederkommen wird, wenn ihm die Herrschaft gegeben worden ist über alle Menschen und er zur Rechten Gottes sitzt und ihm als Priester und König dient. Die Mitglieder des Hohen Rates, die gebildet genug sind, um das volle Ausmaß und die Reichweite der Aussagen und des Anspruchs Jesu zu begreifen, zerreißen ihre Kleider angesichts der unverfrorenen Ungeheuerlichkeit all dessen und sagen sinngemäß: »Brauchen wir überhaupt noch mehr Zeugen? Dieser Mann begeht Gotteslästerung und hat den Tod verdient.« Jesus gilt als überführt und schuldig.

»Ich kenne diesen Menschen nicht« (Markus 14,71)

Der letzte Akt in diesem Teil des Dramas findet derweil im Hof des Palastes des Hohenpriesters an einem Feuer statt, dem sich Petrus nähert, um sich zu wärmen. Wir wissen, was kommt – Petrus wird Jesus verleugnen. Wegen dieser Tat erinnert man sich bis heute an Petrus. Es ist so einfach, auf ihn herabzublicken, weil er Jesus verleugnet; so einfach, ihn als Feigling zu betrachten, aber wichtig ist auch, zu erkennen und anzuerkennen, wie mutig Petrus bis zu diesem Zeitpunkt gewesen ist.

Als die Wachen kommen, um Jesus im Garten Gethsemane zu verhaften, ist es Petrus, der das Schwert zieht und bereit ist, gegen ein Kommando von Kaiphas' bewaffneten Wachsoldaten zu kämpfen. Ja, er schlägt einem der Soldaten des Hohenpriesters sogar ein Ohr ab, woraufhin Jesus zu ihm sagt: »Soll ich denn dem Leiden aus dem Weg gehen, das ich nach dem Willen meines Vaters auf mich nehmen muss?« (Johannes 18,11). Petrus verhält sich vielleicht töricht, aber er ist der einzige, der mutig genug ist, den Versuch zu wagen, für Jesus zu kämpfen.

In den Evangelien von Matthäus, Markus und Lukas lesen wir, dass Jesus abgeführt wird und die Jünger fliehen – außer

Petrus. Petrus folgt den Wachen, als sie Jesus zum Palast von Kaiphas bringen. Er hält sich im Schatten, aber als sie ihr Ziel erreicht haben, wappnet er sich innerlich, nimmt all seinen Mut zusammen und betritt den Hof des Palastes des Hohenpriesters, um zu sehen, wie es jetzt weitergeht. Können Sie sich vorstellen, wie viel Mut dazu nötig war? Hätten Sie diesen Hof betreten in dem Wissen, dass Sie schon allein auf Grund der Tatsache hingerichtet werden könnten, ein Jünger Jesus zu sein?

Doch weiter reicht Petrus' Mut dann auch nicht. Er steht bei den Wachsoldaten am Feuer und wärmt sich, während der Prozess gegen Jesus seinen Lauf nimmt; aber er tut wahrscheinlich auch alles, was in seiner Macht steht, um zu verbergen, wer er ist. Als eine Magd auf ihn aufmerksam wird, geraten sein Mut und seine Entschlossenheit ins Wanken. »Du gehörst doch auch zu diesem Jesus von Nazareth«, sagt sie (Markus 14,68). In diesem Moment übernimmt die Angst das Kommando. Weil Petrus weiß, dass er in Gefahr ist, gibt er sich nicht als Jünger Jesu zu erkennen. »Ich weiß nicht, wovon du redest«, sagt er (Markus 14, 68) und geht vom Innenhof des Palastes hinaus auf den Vorhof. Die Frau folgt ihm und sagt noch einmal sinngemäß: »Ich weiß, dass du mit ihm zusammen warst. Du gehörst zu seinen Jüngern.« Und ein weiteres Mal leugnet Petrus. Und schließlich kommt eine Gruppe von Leuten auf ihn zu, die ihn beobachtet haben und seinen auffälligen galiläischen Akzent erkennen, und sie sagen: »Natürlich gehörst du zu seinen Freunden. Du kommst doch auch aus Galiläa!« (Markus 14,70).

Petrus schwört beim Himmel und vor diesen Leuten: »Ich kenne diesen Mann überhaupt nicht, von dem ihr da redet« (Markus 14,71). In dem Augenblick kräht der Hahn zum zweiten Mal und Petrus erinnert sich daran, dass Jesus gesagt hat: »Ehe der Hahn zweimal kräht, wirst du dreimal geleugnet haben, mich zu kennen« (Markus 14,72).

Lukas berichtet, dass in diesem Augenblick Jesus aus dem Inneren des Palastes hinausschaut und sich die Blicke von Jesus und Petrus begegnen. Da bricht dieser raubeinige Fischer, der ungehobelte Anführer der Jünger Jesu, weinend zusammen (Lukas 22,61–62).

Dieser Zwischenfall ist einer der wenigen, von dem in allen vier Evangelien berichtet wird, also müssen ihn alle vier Evangelisten für wichtig gehalten haben. Er wird ganz sicher nicht erwähnt, um Petrus zu beschämen. Die Evangelien wurden ja erst geschrieben, nachdem (der Überlieferung nach) Petrus wegen seines Glaubens mit dem Kopf nach unten gekreuzigt worden war. Die Verfasser der Evangelien wussten von diesem Zwischenfall, weil Petrus regelmäßig die schreckliche Wahrheit selbst erzählt haben muss; denn außer ihm war keiner der anderen Jünger (abgesehen von Johannes) dabei. Petrus muss davon erzählt haben, wenn er predigte. Vielleicht hat er gesagt: »Ich weiß, dass ihr Jesus verleugnet habt. Das habe ich selbst nämlich auch getan. Ich habe ihn auf eine Weise verleugnet, für die ich mich zutiefst schäme, aber ich muss es euch trotzdem erzählen: Ich habe den Herrn verleugnet, aber er war mir gnädig und hat mich wieder aufgenommen. Und wenn ihr ihn verleugnet habt, dann wird er auch euch wieder annehmen.« Petrus möchte anderen zusagen: Auch wenn es Situationen gibt, in denen wir alle den Herrn verleugnen, nimmt er uns trotzdem wieder an und setzt uns ein, um sein Werk zu vollenden. Von diesem Augenblick an verleugnet Petrus Jesus jedenfalls nie wieder.

Es heißt, dass wenn man das Heilige Land besucht, man unweigerlich irgendwann einen Moment erlebt, in dem man sich zurückversetzt fühlt in die Zeit Jesu, um irgendeinen Teil der Geschichte des Evangeliums selbst und sehr persönlich zu erleben. Ich erlebte diesen Moment am ersten Abend meiner ersten Israelreise. Es war im März, also etwa in der Zeit des Jahres, als Jesus verhaftet wurde. Wir waren in einem Hotel auf dem Ölberg untergebracht mit Blick auf Jerusalem. Ich konnte nicht schlafen, und obwohl es noch dunkel war, zog ich mich an, trat vor das Hotel und setzte mich auf eine Bank unter einem Olivenbaum. Ich zitterte vor Kälte und musste sofort daran denken, wie Petrus versucht hatte, sich im Hof des Hauses des Hohenpriesters an einem Feuer zu wärmen. Als ich so in Gedanken versunken dasaß, fing irgendwo unterhalb des Hotels am Ölberg ein Hahn an zu krähen. Und plötzlich musste ich an all die Male denken, die ich Jesus schon verleugnet habe. Ich habe ihn verleugnet, wenn ich Dinge gesagt und getan habe, von denen ich wusste, dass sie nicht nach seinem Willen waren; wenn ich Gedanken gehabt und Dinge getan habe, die nicht mit meinem Glauben zu vereinbaren waren; wenn mir wichtiger war, was andere dachten, als das, was er von mir dachte; wenn ich Angst hatte, den Mund aufzumachen und als einer von seinen Jüngern erkannt zu werden; oder wenn ich auf das Drängen von Leuten etwas getan habe, obwohl ich wusste, dass es falsch war. Ich saß dort im Frühling in Dunkelheit und Kälte am Ölberg und empfand einen Moment lang die gleiche Trauer und Beschämung, wie sie Petrus damals zum Weinen gebracht haben muss.

Wir können von allen Beteiligten bei dem Verhör Jesu im Palast des Hohenpriesters Kaiphas etwas lernen. Die Mitglieder des Hohen Rates veranschaulichen deutlich den menschlichen Hang, sich durch Angst dazu verleiten zu lassen, Dinge zu tun, von denen man weiß, dass sie falsch sind. In ihrem Fall ist es die Verurteilung Jesu, dass sie ihm die Augen verbinden und ihn schlagen, und das Schweigen derer, denen klar ist, dass hier Unrecht geschieht. Die Aussage Jesu über sich selbst soll uns zeigen, wer Jesus war und ist. Er ist mehr als ein großer Lehrer, mehr als ein Prophet. Er ist der »ICH BIN«, der Priester-König, der eines Tages aus den Wolken wiederkommen und über uns alle herrschen wird. Petrus' Leugnung soll uns daran erinnern, dass wir, die wir dem Ruf gefolgt sind, Jesus nachzufolgen, auch manchmal versucht sind, ihn zu leugnen, obwohl wir ihn kennen; und es dient als Einladung für uns, zu denen zu gehören, die ihm nachfolgen, egal, was es kostet.

4. Jesus, Barabbas und Pilatus

Am frühen Morgen schlossen die Hohenpriester, die führenden Männer des Volkes, die Schriftgelehrten und der ganze Hohe Rat ihre Beratungen ab und trafen ihre Entscheidung. Jesus wurde gefesselt zu Pilatus, dem römischen Statthalter, gebracht. Pilatus fragte ihn: »Bist du der König der Juden?« »Ja, du sagst es«, antwortete Jesus. Die Hohenpriester brachten noch andere schwere Anklagen gegen ihn vor. »Antworte doch!«, forderte ihn Pilatus auf. »Hörst du denn nicht, wie schwer sie dich beschuldigen?« Aber Jesus sagte kein Wort. Darüber wunderte sich Pilatus sehr. Jedes Jahr zum Passahfest begnadigte Pilatus einen Gefangenen, den das Volk selbst auswählen durfte. Zu dieser Zeit saß ein Mann namens Barabbas im Gefängnis. Er war zusammen mit den Anführern eines Aufstandes festgenommen worden, die einen Mord begangen hatten. Vor dem Palast des Pilatus forderte jetzt eine große Menschenmenge die Freilassung eines Gefangenen. Pilatus rief ihnen zu: »Soll ich euch den ›König der Juden‹ freigeben?« Denn er wusste genau, dass die Hohenpriester das Verfah-

ren gegen Jesus nur aus Neid angezettelt hatten. Aber
die Hohenpriester hetzten das Volk auf, die Freilassung
des Barabbas zu verlangen. Pilatus fragte zurück: »Und
was soll mit dem Mann geschehen, den ihr euren König
nennt?« Da brüllten sie alle: »Ans Kreuz mit ihm!« »Was
für ein Verbrechen hat er denn begangen?«, fragte Pilatus. Doch ununterbrochen schrie die Menge: »Ans Kreuz
mit ihm!« Weil Pilatus die aufgebrachte Volksmenge
zufrieden stellen wollte, gab er Barabbas frei. Jesus aber
ließ er auspeitschen und zur Kreuzigung abführen.

(Markus 15,1–15)

Freitagmorgen

7.00 Uhr

Burg Antonia

KURZ NACH TAGESANBRUCH WIRD JESUS wieder in Fesseln gelegt und aus dem Palast des Hohenpriesters weggebracht.
Die geistlichen Führer, aus denen der Hohe Rat besteht, haben
ihn der Gotteslästerung für schuldig befunden und beschlossen, dass er sterben muss. Weil sie nicht die Vollmacht haben,
ihn hinzurichten (der Vollzug der Todesstrafe darf nur von den
Römern angeordnet und durchgeführt werden), beratschlagen
sie und beschließen dann, ihn jemandem zu überstellen, der
diese Vollmacht hat, und zwar dem römischen Gouverneur,
Pontius Pilatus. Sie wissen zwar, dass die Anklage der Gotteslästerung für ihn ohne Bedeutung ist, aber ihnen ist auch klar,
dass die Behauptung Jesu, der Messias zu sein – die ja auch den
Anspruch auf die Königswürde beinhaltet –, den Römern gar
nicht gefallen und als Rebellion gewertet werden wird. Mit solchen Unruhestiftern haben die Römer normalerweise wenig
Geduld, und sie werden ausnahmslos gefoltert und gekreuzigt.

Als also die Sonne über Jerusalem aufgeht, wird Jesus durch die Straßen der Stadt zur Burg Antonia geführt, dem Amtssitz des Pilatus, die nur knapp einen halben Kilometer vom Palast des Kaiphas entfernt liegt. In der Menge, die Jesus folgt, sind nicht nur die Mitglieder des Hohen Rates und andere, die von der Verhaftung Jesu informiert worden sind, sondern auch seine Mutter, sein Jünger Johannes und wahrscheinlich auch Petrus. Johannes berichtet (19,13), dass der Name des Ortes, wo die Gerichtsverhandlung Jesu stattfinden soll, »Steinpflaster« genannt wird (griechisch *lithostrotos*). Ob Johannes diesen Namen in seinem Bericht erwähnt als unterschwelligen Hinweis auf einen der vielen ironischen Aspekte, die in den Ereignissen dieses Tages zu finden sind? Nur Tage zuvor hat Jesus Psalm 118,22 zitiert, um den wachsenden Widerstand gegen seine Lehre zu beschreiben (Markus 14,10). In dem Psalm heißt es: »Der Stein, den die Bauleute verworfen haben, ist zum Eckstein geworden.« Und jetzt wird der »Stein« von den jüdischen Führern verworfen beim »Steinpflaster«. Noch vor Ende dieses Tages wird Jesus in ein Grab gelegt werden, das aus Stein gehauen ist, und ein großer runder Stein wird vor den Grabeingang gerollt werden.

Der leidende (Gottes)Knecht

Die Burg Antonia liegt mitten in der Stadt, grenzt unmittelbar an den Tempel und ist Militärgarnison und Sitz des Gouverneurs. Dass das römische Militär so nah an einer solch heiligen Stätte seine Macht demonstriert, schmerzt das jüdische Volk und schürt seinen Zorn. Aber an diesem kühlen Morgen ist der Hohe Rat froh, dass der Amtssitz von Pilatus ganz in der Nähe liegt, denn so kann der Gouverneur sich sofort anhören, was sie gegen Jesus vorzubringen haben. Die jüdische Obrigkeit weiß ganz genau, dass Jesus nicht die Absicht hat, einen Aufruhr gegen die römische Besatzung anzuzetteln; die einzige Obrigkeit, der gegenüber er Empörung und Abscheu geäußert hat, sind nämlich sie selbst als religiöse Führer.

Ihre Anklagepunkte werden Jesus aber jetzt dazu zwingen, entweder zu widerrufen, dass er der Messias ist, oder aber – falls er sich weigert, Pilatus dazu zwingen – Jesus wegen Aufruhrs hinzurichten.

Genau wie schon bei dem Verhör vor dem Hohen Rat, schweigt Jesus, als er vor Pilatus steht, und Pilatus ist verblüfft darüber, dass der Angeklagte nichts zu seiner Verteidigung vorbringen will. Er weiß, dass die Priester Jesus aus Neid anklagen – Jesus ist nämlich inzwischen beliebter als sie, und ihre Angst und Unsicherheit schürt ihren Hass gegen ihn. Doch warum, so fragt sich Pilatus, verteidigt Jesus sich nicht? Die Anklage gegen ihn lautet, dass er behauptete, der König der Juden zu sein. Das ist ein schweres Vergehen. König der Juden ist nämlich zurzeit Cäsar, und dass Jesus diesen Titel für sich beansprucht, ist nichts anderes als Rebellion. Als Pilatus Jesus fragt: »Bist du der König der Juden?« (Markus 15,2), gibt Jesus eine kurze, kryptische Antwort: »Ja, du sagst es« (Markus 15,2). Er hätte auch sagen können: »Ja, natürlich bin ich das.« Und er hätte damit einfach nur meinen können: »Du hast es gesagt, und ich widerspreche dir nicht.« Aber er erklärt seine Antwort nicht weiter.

Nach den Berichten von Matthäus, Markus und Lukas sagt Jesus nichts weiter, sodass sich Pilatus gefragt haben muss: »Wieso schweigt er?«

Wenn ich vom Schweigen Jesu bei seinen Verhören und Prozessen lese, dann denke ich zum Teil auch an seine Resignation, oder vielleicht besser an seine *Entschlossenheit* zu sterben. Er hat gar nicht vor, sich zu verteidigen. Er versucht nicht, die Todesstrafe abzuwenden. Jesus ist in Erwartung seiner Hinrichtung nach Jerusalem gekommen, und er glaubt, dass das zu Gottes Plan für ihn gehört.

Ich bin fest davon überzeugt, dass Jesus gewusst hat, was passieren würde. Er hat gebetet: »Abba, mein Vater … nimm diesen Kelch von mir; doch nicht, was ich will, sondern was du willst« (Markus 14,36). Er akzeptiert sein Schicksal und schweigt dann. Ich kann mir vorstellen, dass Jesus vielleicht an Jesaja 53 gedacht hat, an den Abschnitt über den »leidenden Gottesknecht«, als er vor dem Hohen Rat und vor Pilatus steht. Diese Worte wurden Hunderte von Jahren vor der Zeit Jesu geschrieben und sprechen von einem Einzelnen, der für die Sünden des Volkes Israels leiden wird. Viele Juden glauben, dass Jesaja in diesem Abschnitt über das Volk Juda spricht, das für die Sünden des Volkes bestraft wurde, indem es nach Babylon verschleppt wurde und eine Zeitlang völlig zerstört war. Jesus weiß, dass Juda die Rolle des leidenden Knechtes gespielt hat, aber er sieht diesen Abschnitt auch als Vorausschau auf seinen eigenen Auftrag von Gott in seiner Rolle als Messias. Die Urgemeinde sah Jesaja 53 als tiefgründiges Bild für das Leiden und den Tod Jesu.

> *Wir gingen alle in die Irre wie Schafe,*
> *ein jeder sah auf seinen Weg.*
> *Aber der HERR warf unser aller Sünde auf ihn.*
>
> *Als er gemartert ward, litt er doch willig*
> *und tat seinen Mund nicht auf*
> *wie ein Lamm, das zur Schlachtbank geführt wird;*
>   (Jesaja 53,6–7, *Lutherbibel*)

Jesus handelt oft ganz bewusst, um auf eine bestimmte Stelle der Schrift hinzuweisen oder sie zu erfüllen. Am Palmsonntag beispielsweise reitet er auf einem Esel, um auf seine Rolle als Messias hinzuweisen, denn er weiß, dass in Sacharja 9,9 davon die Rede ist, dass ein König so in Jerusalem einziehen wird. Bei den Verhören und vor Gericht soll sein Schweigen seine Anhänger vielleicht an die Worte aus Jesaja 53 erinnern und ihnen so einen Hinweis auf sein Leiden und Sterben geben.

Jesus gibt sich selbst als Opferlamm für die Sünden der Welt hin. Christen glauben, dass sie durch seinen Tod erlöst sind. Sein Tod hat einen Sinn. Jesus stirbt nicht als desillusionierter

Prophet. Er ist nicht einfach nur ein großer Lehrer, der von den Römern hingerichtet wird. Er ist ganz bewusst nach Jerusalem gekommen und rechnete mit seinem Tod, ja er sagt ihn sogar den Jüngern gegenüber voraus. Christen glauben, dass dieser Tod das Mittel ist, durch das Gott die Welt gerettet hat. Jesaja beschreibt das so:

> *Fürwahr, er trug unsre Krankheit*
> *und lud auf sich unsre Schmerzen.*
> *Wir aber hielten ihn für den, der geplagt*
> *und von Gott geschlagen und gemartert wäre.*
> *Aber er ist um unsrer Missetat willen verwundet*
> *und um unsrer Sünde willen zerschlagen.*
> *Die Strafe liegt auf ihm, auf dass wir Frieden hätten,*
> *und durch seine Wunden sind wir geheilt.*
>
> (Jesaja 53,4–5, *Lutherbibel*)

Beim Letzten Abendmahl sagt Jesus: »Nehmt und esst! Das ist mein Leib« (Matthäus 26,26). Und dann: »Das ist mein Blut, mit dem der neue Bund zwischen Gott und den Menschen besiegelt wird. Es wird zur Vergebung ihrer Sünden vergossen« (Matthäus 26,28). Er versteht, dass sein Tod uns die Erlösung bringen wird. Es lohnt sich, hier einmal kurz innezuhalten und zu überlegen, wie genau das vonstatten geht. Theologen streiten seit langem über die Frage, wie die Doktrin von der Sühne – das heißt von der Versöhnung zwischen Gott und den Menschen, unsere Versöhnung mit Gott durch den Tod Jesu am Kreuz – zu verstehen ist. Diese Doktrin ist wahrscheinlich für jeden denkenden Menschen eine »harte Nuss«. Auf den ersten Blick ist es schwer zu begreifen, wie der Tod Jesu unsere Rettung bewirkt; und ein Stück weit bleibt es auch ein Mysterium.

Es gibt zu diesem Thema eine Vielzahl unterschiedlicher Theorien, von denen keine ganz und gar zufriedenstellend ist, die aber zusammen gesehen ein überzeugendes und fundiertes Bild ergeben, warum das Leiden und der Tod Jesu so wichtig für uns sind.

Eine der Theorien über die Sühne besagt, dass Jesus stellvertretend für alle Menschen gelitten hat und gestorben ist. Er hat die Strafe auf sich genommen, die eigentlich wir alle für unsere Sünden verdient hätten, und er schenkt dadurch der ganzen Menschheit Gnade und Vergebung. Diese Theorie der Sühne wird als Stellvertreter-Theorie bezeichnet, und wir werden uns gleich noch etwas näher damit befassen.

Manche Theologen verwerfen die Stellvertreter-Theorie als grob vereinfachend oder sogar irreführend, aber für viele Menschen ist sie die beste Erklärung für das, was Jesus mit seinem Tod am Kreuz erreichen wollte. In seinem Verhör durch Pilatus bekommen wir eine Vorstellung davon – ein konkretes Beispiel für eine größere, umfassendere Idee. Denn dort am *lithostrotos* tritt Jesus an die Stelle eines normalen Kriminellen namens Barabbas, der ebenfalls zum Tode verurteilt worden ist und auf seine Hinrichtung wartet. Barabbas, ein verurteilter Verbrecher, wird freigelassen und an seiner Stelle wird Jesus, ein unschuldiger Mann, gekreuzigt.

Die Kostbarkeit der Gnade

Barabbas ist sowohl als eigene Persönlichkeit als auch in seiner Rolle beim Tod von Jesus faszinierend. Bei Barabbas haben wir es mit einem Aufrührer zu tun, der einen Aufstand gegen die Römer angeführt hat; er hat offenbar Menschen umgebracht, die mit den Römern zusammengearbeitet haben, vielleicht sogar römische Bürger, und er hat Menschen beraubt, vermutlich, um mit der Beute den Aufstand gegen die Römer zu finanzieren.

Pontius Pilatus hat die Sitte eingeführt, jedes Jahr zum Passahfest einen jüdischen Gefangenen freizulassen. Dass diese Freilassung mit dem Fest der Juden zusammenfällt, das sie zur Erinnerung an die Befreiung ihres Volkes aus der Sklaverei in Ägypten begehen, ist ein politisch schlauer Akt der Barmherzigkeit, der die Masse besänftigen und ihren Wunsch nach einem Aufstand beschwichtigen soll.

An diesem Tag stehen zwei Gefangene vor Pilatus: Jesus von Nazareth und Barabbas. Beide sind angeklagt, Aufruhr angezettelt zu haben und Anspruch auf den Titel »König der Juden« zu erheben. Pilatus wendet sich ans Volk und fragt: »Wen von den beiden soll ich freilassen?« (Matthäus 27,21). Wird es Barabbas sein, der geraubt und gemordet hat, oder Jesus von Nazareth, der nichts Unrechtes getan hat – der Jesus, der die verlorenen Menschen liebt, sie über das Reich Gottes lehrt, der Kranke heilt und vielen Menschen zum Segen wird?

Pilatus geht offenbar davon aus, dass die Leute sich für Jesus entscheiden werden, und das würde er ihnen natürlich nur zu gern gewähren. Aber sie entscheiden sich für Barabbas, und am Ende ist es dann Barabbas, den er freilässt. In Mel Gibsons Film *Die Passion Christi* dreht sich Barabbas noch einmal zu Jesus um, nachdem er freigelassen worden ist, und ganz kurz ist ein Ausdruck des Verstehens in seinem Gesicht zu erkennen. Einen kurzen Moment lang scheint Barabbas da zu begreifen, dass dieser unschuldige Mann an seiner Stelle ans Kreuz genagelt werden wird. Barabbas wird somit der erste Sünder, für den Jesus stirbt. Das ist nur ein kleiner Ausschnitt aus dem Bild der stellvertretenden Wirkung des Sühneopfers Jesu durch seinen Tod; denn genau wie Barabbas werden auch wir verschont, weil Jesus die Strafe auf sich genommen hat, die eigentlich wir verdient hätten.

Die Theorie des stellvertretenden Sühneopfers, die wir schon kurz angesprochen haben, lässt sich folgendermaßen zusammenfassen: Jeder Mensch sündigt. Durch unsere Sünde entfernen wir uns von Gott. Die Gerechtigkeit verlangt Strafe für das kollektive Gewicht unserer Sünde; in der Bibel steht: »Die Sünde wird mit dem Tod bezahlt« (Römer 6,23) und mit der ewigen Trennung von Gott. Aber Gott, der uns so liebt, wie Eltern ihre Kinder lieben, möchte nicht, dass wir auf ewig von ihm getrennt sind. Gott möchte, dass wir Gnade erfahren.

Ein ganz gewöhnlicher Mensch kann nicht für die Sünden der ganzen Menschheit sterben; aber weil Jesus Mensch gewordener Gott ist, kann er das. Er zahlt den Preis, den er niemandem schuldig ist, und er schenkt uns Gnade, die wir nicht verdient haben. Und genau das spiegelt sich in der Situation wider, in der Barabbas als freier Mann das Gefängnis verlässt und Jesus am Kreuz hängt.

Für viele Menschen ist diese Theorie verwirrend. Wahrscheinlich war sie auch besser zu verstehen in einer Zeit, in der es ganz normal war, Tieropfer zu bringen als Sühne für Sünden. Heute glauben wir eher, dass wir so schlecht ja nun auch wieder nicht sind; jedenfalls nicht so schlecht, dass Jesus am Kreuz für uns hätte sterben müssen. Manche Menschen sind der Meinung, dass Sünde kein Opfer und auch keine Sühne verlangt. Aber es gibt doch Augenblicke, in denen der Gedanke, dass Jesus *für uns* gestorben ist, besondere Bedeutung für uns bekommt. Das sind die Augenblicke, wenn wir etwas so Schlimmes getan haben und unsere Scham darüber so groß ist, dass wir wissen, wir werden allein nicht damit fertig. In solchen Momenten fühlen wir uns zum Kreuz hingezogen und zu dem Verständnis, dass Jesus für uns gelitten hat. Wir schauen aufs Kreuz, und uns ist klar, dass der Preis für unser Fehlverhalten und unsere Schuld bereits bezahlt ist.

Ich muss dabei an die Geschichte von jemandem denken, der betrunken Auto fuhr, dabei auf die Gegenfahrbahn geriet und mit einem anderen Wagen zusammenstieß. Bei dem Unfall kam ein Kind ums Leben, das in dem anderen Wagen saß. Der betrunkene Fahrer kam wegen Totschlag ins Gefängnis, aber natürlich konnte keine noch so lange Haftstrafe dieses Kind wieder lebendig machen. Dieser Mann bestrafte sich den Rest seines Lebens selbst für die Tat, die er begangen hatte. Wenn er doch nur gewusst hätte, dass Jesus die Strafe schon für ihn getragen hat.

Wir sollen auf das Kreuz schauen und sowohl die große Liebe Gottes sehen als auch den hohen Preis, den seine Gnade ihn gekostet hat. Wir sollen uns innerlich verändern durch das, was Gott für uns getan hat, und wir sollen Gott dafür in demütiger Dankbarkeit dienen. Jesus für uns leiden zu sehen, soll den Wunsch in uns wecken, nie wieder zu sündigen. Aber wir werden natürlich trotzdem wieder sündigen, und dann müssen wir wieder die Gnade in Anspruch nehmen, die am Kreuz offenbart wird. Genau wie Barabbas gehen wir als freie Menschen davon, und zwar einzig durch das Leiden eines unschuldigen Mannes.

Die Suche nach einem Messias

Barabbas ist nicht die einzige Gestalt, mit der wir uns identifizieren sollen, wenn wir über diese Geschichte nachdenken. Wir sollen uns auch selbst in dieser Menschenmenge wiederfinden, die dort in Jerusalem zusammengekommen ist. Anscheinend fangen diese Menschen um sechs Uhr morgens an, lautstark Jesu Kreuzigung zu fordern. Wenn wir an diese Menschenmenge denken, stellen wir uns oft vor, dass alle Juden der damaligen Zeit dorthin gekommen sind, aber das ist falsch! Nicht alle Juden damals wollten, dass Jesus gekreuzigt wird. Die Menschenmenge vor der Burg Antonia ist vermutlich eher klein, wahrscheinlich ein paar Dutzend. Es gab viele Menschen, die an Jesus glaubten, die ihm vertrauten, die ihn für einen guten Lehrer hielten, für jemanden, der Wunder tun kann; aber eben auch solche, die gegen ihn waren.

Unter den Menschen, die da am frühen Morgen zusammenkommen, sind zweifellos auch Händler und Geldwechsler vom Vorhof des Tempels. Nur wenige Tage zuvor hat Jesus ihre Tische umgekippt und sie aus dem Tempel verjagt. Sie sind nicht nur öffentlich gedemütigt worden, sondern sie haben auch ihr Einkommen verloren. An diesem Morgen stehen sie vor der Burg und sagen sinngemäß: »Zu was auch immer Jesus verurteilt wird, er hat es verdient! Habt ihr gesehen, was er mit uns gemacht hat? Er hat uns unser Geschäft ruiniert. Er hat den Tod verdient!« Und dann sind da wahrscheinlich auch noch Rowdys und Krawallmacher, Leute, die einfach Spaß an Gewalttätigkeit und Unfrieden haben.

Und unter den Leuten in der Menge sind Menschen, die weder erzürnte Händler noch Krawallmacher sind, sondern dort bei der Burg Antonia sind sicher auch viele, die Jesus zugejubelt haben, als er vom Ölberg herunter gekommen ist an dem Tag, den wir Palmsonntag nennen. Sie haben Palmwedel vor ihm auf den Weg gelegt und gerufen: »Hosianna! Gelobt sei, der da kommt in dem Namen des Herrn!« (Markus 11,9, *Lutherbibel*).

Und jetzt am Freitag, also nur fünf Tage später, rufen sie: »Kreuzigt ihn!« Warum ist das so? Wie können sich Menschen so schnell und so drastisch ändern?

Um das zu verstehen, müssen wir uns anschauen, für wen die Menschen damals Jesus halten, und was sie von ihm erwarten. Als er auf einem Esel in die Stadt geritten kommt und sie ihn begeistert mit Palmwedeln winkend empfangen, da beziehen sich die Leute auf eine ganz ähnliche Episode, die 190 Jahre zuvor stattgefunden hat. Damals wurden die Juden von einer anderen Regierung unterdrückt, und zwar von der griechischen Seleukidendynastie. Unter dieser Herrschaft wurden unzählige Juden umgebracht, und es wurde im jüdischen Tempel ein Altar für Zeus errichtet, auf dem Schweine geschlachtet wurden.

165 v. Chr. hatte dann eine jüdische Familie, die Makkabäer, genügend gleichgesinnte Landsleute um sich gesammelt, um einen Aufstand zu wagen. Sie besiegten die Griechen, vertrieben sie aus Jerusalem und dem Heiligen Land und reinigten den Tempel, ein Ereignis, das heute noch mit dem Hanukka-Fest gefeiert wird. Als Simon Makkabäus nach Jerusalem zurückkam, wurde er als großer Befreier bejubelt, und die Menschen schwenkten Palmwedel als Zeichen für den Sieg. »Du hast uns von den Griechen befreit«, riefen sie. »Heil sei dir.«

Die Idee, Simon Makkabäus mit Palmzweigen zuzuwinken aus Dank für die Befreiung Jerusalems, hat wahrscheinlich ihren Ursprung im *Sukkot* bzw. Laubhüttenfest. Während dieses alljährlichen jüdischen Festes, das eine Woche lang dauert, sollen sich die Juden an ihre Wanderung durch die Wüste erinnern. Während der ganzen Woche schwenken die Menschen immer wieder Palmwedel, und am letzten Tag des Festes, der *Hoshanna Rabbah* genannt wird, umkreisen die Menschen sieben Mal den Altar im Tempel und beten »Hosanna« – ein Wort, das frei übersetzt so viel bedeutet wie »Erlöse uns jetzt!« An diesem Tag bitten die Menschen Gott, sie zu erlösen. Dann sprechen sie die Worte aus Psalm 118,26: »Gelobt sei, der da kommt im Namen des Herrn«, wenn sie an die künftige Befreiung des Volkes durch Gott denken. Als Simon Makkabäus als Befreier in Jerusalem einzog, wurde das als Erhörung der Gebete betrachtet, die alljährlich beim Laubhüttenfest gebetet wurden.

Als die Juden Jesus also mit Palmwedeln schwenkend bei seinem Einzug in Jerusalem begrüßen, sagen sie damit: »Jesus, sei unser Befreier. Befreie uns von den Römern (so wie Simon unsere Vorfahren befreit hat). Vertreibe unsere Feinde und befreie uns von der schrecklichen Unterdrückung durch sie.« Genau das suchen sie in Jesus: Einen Messias, das bedeutet »der Gesalbte«, oder einen König. David war ein Messias, Salomo war ein Messias. Von jedem der alten Könige, die von den Priestern gesalbt wurden, hieß es, sie seien Messiasse. Wir sehen also, dass die Menschen sehr konkrete Erwartungen hatten, wie der Messias sein würde.

In den Jahren zwischen der Geburt Jesu und der Zerstörung Jerusalems durch die Römer im Jahr 70 n. Chr. bezeichneten sich mindestens acht, bis zu 13 Personen als Messias oder wurden von einem Teil des Volkes als Messias bejubelt. Josephus, ein Historiker aus dem ersten Jahrhundert, berichtet von einigen von ihnen. Manche waren Mörder und Diebe, manche hatten den ernsthaften Wunsch, im Namen Gottes zu regieren; manche scharten nur ein Dutzend Anhänger um sich, wieder andere vielleicht auch ein paar Hundert, und einem schlossen sich sogar 6 000 Menschen an und wurden zu einer richtigen Streitmacht. Jeder dieser Möchtegern-Messiasse versuchte mit Waffengewalt die Römer zu vertreiben und ein neues Königreich Israel zu gründen. So sahen sie ihre Rolle als Messias, und genau so sah es auch das Volk. Aber jeder dieser angeblichen Messiasse wurde zum Tode verurteilt.

Als Jesus nach Jerusalem kommt, erwarten also viele einen Messias, der einen bewaffneten Aufstand gegen die Römer anführen wird; und er enttäuscht sie bitter. Jesus ist der einzige Messias, der sich weigert, ein Schwert in die Hand zu nehmen. Er hat kein Interesse daran, die Massen aufzuwiegeln und die Fesseln der römischen Unterdrückung zu sprengen. Stattdessen lehrt er die Menschen, ihre Feinde zu lieben und für diejenigen zu beten, von denen sie verfolgt werden. Er bezeichnet diejenigen als glücklich, die leiden für das, was wahr und richtig ist, die sanftmütig sind, und die Frieden stiften. Wenn ein römischer Soldat einen zwingt, sein Gepäck eine Meile weit zu tragen (und das steht ihm zu), dann, so sagt Jesus, soll man es auch noch eine zweite Meile tragen. Wenn einem ein Römer auf die Wange schlägt, dann soll man auch noch die andere Wange hinhalten.

Und das ist nun wirklich nicht das, wonach die Menschen auf der Suche sind und worauf sie schon so lange gewartet haben. Hier ist ein Messias, der so ziemlich in allem dem widerspricht, wovon sie überzeugt sind und woran sie glauben. Sie sehen ihre einzige Chance zur Befreiung und zum Überleben darin, Gewalt anzuwenden.

Aber Jesus sagt sinngemäß: »Hört zu, ich sage euch, dass ihr nicht durch die Kraft des Schwertes, sondern durch die Kraft des Kreuzes frei werdet. Es wird nicht geschehen, indem eine Armee ausgehoben wird, um gegen die Römer zu kämpfen, sondern durch opferbereite Liebe.« Und er hat Recht. Jesus weiß, dass das jüdische Volk selbst dann von den Römern vernichtet werden wird, wenn jeder Mann, jede Frau und jedes

Kind bis an die Zähne bewaffnet wird. Er weiß, dass das kleine Land Juda nicht einmal mit Hilfe von Galiläa und Samarien die Macht des römischen Kaiserreiches brechen kann.

Jesus ist klar, dass ein Sieg gegen die Römer nicht durch das Schwert zustande kommen wird. Er sagt, dass der Sieg durch die Kraft der *agape* errungen wird – einer opferbereiten Liebe, die letztlich unbesiegbar ist. »Ihr werdet sie besiegen«, sagt er faktisch, »durch die Kraft einer Idee. Wenn sie von eurem Gott hören und sehen, dass er in eurem Leben sichtbar wird, dann werden sie innerlich verwandelt.«

Und genau das passiert ja dann auch. Die Römer verehren im Großen und Ganzen nicht mehr mit Leidenschaft die müden Götter, die sie so lange hochgehalten haben. Als die Christen anfangen von einem Gott zu reden, der als bescheidener Zimmermann auf dieser Erde lebt, der für sein Volk leidet und stirbt und dann als endgültiger Sieger vom Tod aufersteht, da finden sie diese Vorstellung so faszinierend, dass sie anfangen, Jesus nachzufolgen. Der christliche Glaube breitet sich unter den Sklaven und einfachen Leuten und zum Teil auch in der Oberschicht aus. Die Geschichte von einem Gott, der Mensch wird, um die Menschen aufzurufen, einander zu lieben, und der bereit ist, für sie zu leiden, ist eine viel machtvollere Geschichte, als jede Geschichte, die in der griechisch-römischen Götterwelt zu finden ist. Das römische Reich wird letztlich nicht durch das Schwert besiegt, sondern durch das Kreuz Jesu Christi. Das ist der Weg Jesu. Aber an diesem schicksalhaften Tag, als Jesus vor dem römischen Statthalter steht, die religiösen Führer, Händler und eine Mischung einfacher Leute im Rücken, da gibt es noch niemanden, der das alles versteht.

Das Vermächtnis von Jesus und Barabbas

Pilatus steht also vor der Menschenmenge, die sich am frühen Morgen eingefunden hat, und stellt sie vor die Wahl. Die Menschen dürfen die Freilassung eines Möchtegern-Messias erbitten und den anderen dadurch zum Tod verurteilen. Im Matthäusevangelium steht, dass Barabbas eigentlich »Jesus Barabbas« heißt (Matthäus 27,16). Der Name »Barabbas« bedeutet »Sohn des Vaters«, und der Name »Jesus« bedeutet »Retter«; Matthäus macht also deutlich, dass die Menge die Wahl hat zwischen zwei messianischen Gestalten.

Wenn Sie sich einmal selbst in dieser Menschenmenge vorstellen, für welchen von beiden hätten Sie sich dann entschieden? Einer wird Gewalt anwenden als Anführer eines Aufstandes, er wird die Römer vertreiben, wird sich die Steuergelder, die das Volk gezahlt hat, wieder zurückholen, wird für Reichtum und Wohlstand sorgen und die Macht des jüdischen Königreiches wiederherstellen. Zum Leitungsstil des anderen gehört es, diese Unterdrücker zu lieben, ihnen zu dienen, so lange sie da sind, und den Dienst, den man ihnen ohnehin schuldig ist, freiwillig zu verdoppeln. Welchen von beiden Anführern würden Sie wohl lieber als freien Mann sehen? Und welchen möchten Sie vernichtet wissen?

Wenn wir diese Wahl so betrachten, dann ist nicht schwer zu verstehen, warum sich die Menschenmenge letztlich für Barabbas und nicht für Jesus entscheidet. Die Menschen wollen lieber den Weg physischer Stärke, militärischer Macht und niedrigerer Steuern als den Weg des Friedens durch opferbereite Liebe.

Ein Beispiel für eine solche Wahl gibt es auch in der jüngsten Geschichte der Vereinigten Staaten, und zwar in Form der Vorgehensweisen der Bürgerrechtler Malcolm X und Martin Luther King in ihrem Kampf für die Bürgerrechte für Afroamerikaner in den 50er und 60er Jahren. Beide wollten Gerechtigkeit durch gleiche Rechte für weiße und afroamerikanische

Bürger erreichen, aber die Methoden, mit Hilfe derer sie das erreichen wollten, unterschieden sich drastisch. Malcolm X hielt die bestehende Ungerechtigkeit für so schwerwiegend, dass manchmal Gewalt gerechtfertigt sei, um sie zu überwinden. Sein Ansatz wird gut deutlich durch folgendes Zitat aus dem Jahr 1964: »Ich bin für Gewalt, wenn Gewaltfreiheit bedeutet, dass wir weiterhin eine Lösung für das Problem der Schwarzen in Amerika aufschieben, nur um Gewalt zu vermeiden. Ich bin nicht für Gewaltfreiheit, wenn das bedeutet, die Lösung aufzuschieben. Für mich ist eine aufgeschobene Lösung gar keine Lösung. Oder ich möchte es noch einmal anders ausdrücken. Wenn Gewalt nötig ist, damit in diesem Land der schwarze Mann seine Menschenrechte bekommt, dann bin ich für Gewalt, genau so, wie es die Iren, Polen oder Juden wären, wenn sie so offenkundig diskriminiert würden.«[4] Erst nachdem er eine Reise in sein heiliges Land gemacht hatte, begann er, diesen Ansatz zu hinterfragen. Ein Jahr später starb er.

Martin Luther King dagegen glaubte, dass Menschenrechte und Gleichheit nur zu erreichen sind, wenn Menschen sich innerlich verändern durch Begegnungen mit gewaltfreiem Widerstand und opferbereiter Liebe. Man könnte seinen Ansatz, der in seiner Predigt »Strength to Love« (Deutsche Fassung: »Kraft zum Lieben«) dargelegt wird, folgendermaßen formulieren: »Unser Ansatz besteht darin, euch dermaßen zu beschämen, dass ihr uns unsere Bürgerrechte zugesteht. Wir werden euch durch unsere Bereitschaft zu leiden einen anderen Weg zeigen. Ihr könnt uns verletzen und verletzen und verletzen, aber wir werden euch immer noch lieben. Wir werden euch nicht körperlich weh tun, aber wir werden eintreten für das, was wir für richtig halten. Wenn ihr uns Leid zufügt, werden wir euch mit unserer Fähigkeit zum Aushalten niederringen.

---

4 Aus: *The Autobiography of Malcolm X*, by Malcolm X (Ballantine Books, 1964), S. 402.

Wir werden den Sieg erringen, indem wir euch Liebe statt Hass zeigen.«

Was war es letztlich, das zu Veränderungen in Bezug auf die Bürgerrechte in Amerika geführt hat? Waren es Hass und Gewalt, oder war es die Kraft opferbereiter Liebe? Beide Ansätze hatten ihre Befürworter. Martin Luther Kings Ansatz spiegelt das Evangelium wider und führte nach meiner Überzeugung zu einer ganzen Generation Weißer, die innerlich verändert wurden, weil sie Zeugen des gewaltlosen Widerstandes seiner Anhänger wurden.

Eine Generation zuvor war Mahatma Gandhi Martin Luther King Vorbild und Inspiration, als er in dem Krieg zwischen Muslimen und Hindus zum Hungerstreik aufrief. »Ich werde so lange nicht essen«, sagte er, »bis diese Leute aufhören zu kämpfen«, und der stille kleine Mann hungerte sich beinahe zu Tode, bis die Anführer der beiden Seiten auf ihn zukamen und sagten: »Bitte, Mr. Gandhi, wir hören auf zu kämpfen, wenn Sie wieder essen.« Das war die Macht eines einzelnen Mannes, der durch die Überlegenheit seiner Ideen und Vorstellungen und durch seine Bereitschaft zu leiden zwei Lager dazu brachte, den Krieg gegeneinander zu beenden.

Wie weit würde uns ein solcher Ansatz wohl heute bringen? Ist es möglich, auch in der Welt von heute so zu leben, wie es Jesus so eindringlich rät? Könnte ein Volk oder eine Regierung so überleben? Ich weiß, dass Jesus uns auffordert, seinen Weg zu wählen und nicht den von Barabbas, aber ich weiß auch, dass viele Menschen Jesus von Nazareth zwar bewundern, sich bei Jesus Barabbas aber sicherer fühlen und sich deshalb für seinen Weg entscheiden.

Das ist die Wahl, vor die Pilatus die Menge vor 2000 Jahren stellt: Entweder der beliebte und bekannte Revolutionär Jesus Barabbas, der die Welt mit Macht und Gewalt verändern will, oder Jesus von Nazareth, der die Welt durch opferbereite Liebe verändern will. Die Menge ruft: »Weg mit diesem Jesus! Lass Barabbas frei!« (Lukas 23,18). Wenn Sie an jenem Tag dort in der Menge gestanden hätten, für wen hätten Sie sich entschieden?

»Dem Volk zu Willen sein« (Markus 15,15)

Wir haben uns vorgestellt, wie es sich wohl anfühlt, als Sünder, die durch Jesus Christus die Freiheit geschenkt bekommen haben, Barabbas zu sein. Wir haben uns selbst in der Menschenmenge gesehen, wie wir fordern, dass Barabbas und nicht Jesus freigelassen wird. Ich glaube, auch in Pontius Pilatus, einer weiteren wirklich beherrschenden Gestalt, können wir uns wiedererkennen. Pilatus ist von 26 bis 36 n. Chr. Gouverneur in Judäa. Abgesehen vom Neuen Testament wird er nur in zwei Quellen aus dem ersten Jahrhundert erwähnt. Philo von Alexandria, ein jüdischer Philosoph, zitiert eine weitere Quelle, in der Pilatus als »ein Mann von unbeugsamer Haltung, hart und starrköpfig«, beschrieben wird. Der jüdische Historiker Josephus berichtet, dass Pilatus, als er auf Widerstand gegen die Idee stößt, aus jüdischen Steuern ein Aquädukt für Jerusalem zu bauen, den Tempel plündert, um den Bau zu finanzieren.[5]

In Lukas 13,1 wird berichtet, dass einige Galiläer in den Tempel kommen, um zu opfern (vielleicht mit dem Gedanken, einen Aufstand anzuführen), und wie Pilatus sie tötet und ihr Blut mit dem der Opfertiere vermischt. Josephus schreibt auch, dass Pilatus Anhänger eines Samariters niedermetzeln lässt, der offenbar behauptete, ein Prophet zu sein – ein Zwischenfall, der schließlich dazu führt, dass Pilatus von seinem Posten als Statthalter abgezogen wird.[6]

---

5 Aus: *Thrones of Blood: A History of the Time of Jesus 37 B.C. to A.D. 70* (BarbourPublishing, Inc., 1993), S. 61.

6 Ebenda, S. 62.

Pilatus ist also offensichtlich ein Mann, der nicht zögert und keinerlei Skrupel hat, Juden umzubringen. Aber als ihm dann Jesus vorgeführt wird – ein Mann, der von sich behauptet, König der Juden zu sein –, da kann sich Pilatus allem Anschein nach nicht dazu durchringen, die Hinrichtung dieses Mannes anzuordnen. Pilatus ist beunruhigt durch diesen Mann; das ist in jedem der Evangelien zu erkennen. Pilatus weiß aber offenbar auch, dass der eigentliche Grund, weshalb ihn die jüdischen Priester loswerden wollen, Neid ist. Pilatus weiß anscheinend genau, dass es Unrecht ist, Jesus hinzurichten. (Manche Theologen weisen jedoch auch darauf hin, dass die Evangelien zu einer Zeit verfasst wurden, als der christliche Glaube ins römische Reich vordrang. Deshalb heben diese Berichte möglicherweise Pilatus' Zögern, Jesus zu kreuzigen, hervor, um deutlich zu machen, dass Jesus nicht die Absicht hatte, einen Aufstand gegen Rom anzuführen.)

Markus berichtet, dass Pilatus den Versuch unternimmt, Jesus freizulassen, indem er sagt: »Was soll ich denn mit diesem Mann machen? Ich sehe keinen Grund, ihn zu töten« (freie Übertragung von Markus 15,9–14). Bei Matthäus erfahren wir, dass die Frau von Pilatus ihren Mann bittet, nicht den Tod Jesu zu verfügen; denn sie hat einen verstörenden Traum über ihn gehabt (Matthäus 27,19). Pilatus drängt also die Menschenmenge, die Freilassung von Jesus von Nazareth zu fordern, doch die Menschen verlangen trotzdem vehement die Kreuzigung Jesu und die Freilassung von Barabbas.

Matthäus berichtet, dass Pilatus sich danach die Hände wäscht und zur Menge sagt: »Ich bin am Blut dieses Menschen nicht schuldig. Die Verantwortung dafür tragt ihr!« (Matthäus 7,24). Nach Aussage von Lukas 23,6–12 ist Pilatus so unsicher, was er tun soll, dass er Jesus zum König Herodes Antipas überstellen lässt, dem damaligen Herrscher von Galiläa, der sich zu diesem Zeitpunkt zufällig gerade in Jerusalem aufhält. Obwohl er Jesus mit »Verachtung« behandelt, findet auch Herodes (der Sohn von Herodes dem Großen) keinen Grund,

Jesus hinrichten zu lassen, und schickt ihn wieder zurück zu Pilatus. Johannes berichtet, dass Pilatus Jesus daraufhin auspeitschen lässt und der Menge dann den Blut überströmten Jesus präsentiert – in der Hoffnung, dadurch die Menschenmenge zufrieden zu stellen. »Hier ist euer König!«, sagt er. »Soll ich wirklich euren König kreuzigen lassen?« (Johannes 19,14–15). Fünf oder sechs Mal, so berichtet Johannes, sucht Pilatus nach einer Möglichkeit, die Kreuzigung Jesu zu verhindern; aber die Menge will davon nichts wissen.

Bis zum Ende hat Pilatus die Macht und auch den Wunsch, Jesus frei zu lassen. Aber nach all seinem Zögern, nach all seinem Widerstand gegen den Gedanken, Jesus zu kreuzigen, kommen wir am Ende dann doch zu den traurigsten Zeilen in dem Bericht der Leidensgeschichte Christi: »Weil Pilatus die aufgebrachte Volksmenge zufriedenstellen wollte, gab er Barabbas frei. Jesus aber ließ er auspeitschen und zur Kreuzigung abführen« (Markus 15,15). *Weil er die aufgebrachte Menschenmenge zufriedenstellen wollte.* Pilatus weiß, dass seine Entscheidung falsch ist, und er hat die Macht, die ganze Sache zu beenden und Jesus freizulassen, aber der Druck der Menge ist unglaublich stark, genau so, wie es bereits die Stimmen der religiösen Führer für diejenigen Mitglieder im Hohen Rat gewesen sind, die vielleicht gar nicht den Tod von Jesus gewollt haben. Pilatus schickt Jesus ans Kreuz, um den wankelmütigen und unbändigen Mob zufriedenzustellen, den er vor sich hat.

Erkennen Sie sich in Pontius Pilatus wieder? Wohl jeder hat sich schon einmal in der Rolle wiedergefunden, die er in der Geschichte spielt. Wir kennen Gruppendruck meist schon seit unserer Kindheit, und als Erwachsene erleben wir ihn dann auf ganz unterschiedliche Weise – in unserem Wunsch, anerkannt und akzeptiert zu sein, oder in unserer Angst, lächerlich gemacht oder abgelehnt zu werden. Unsere Unfähigkeit, selbständig und für uns selbst zu denken, führt dazu, dass wir schweigen, wenn wir reden sollten, und dass wir Dinge unterstützen, von denen wir wissen, dass sie falsch sind.

Was haben Sie schon getan, einfach weil »die Masse« es verlangte, obwohl sie wussten, dass es nicht richtig war? Wozu wären Sie bereit, wenn der Druck hoch genug wäre? Und wer ist Ihre »Masse«? Vor einiger Zeit kam ein junger Mann zu mir ins Büro, der zum Studium an ein weit entferntes College gegangen war. Er merkte, dass er immer mehr abrutschte und im Netz von Drogen, Alkohol und anderem gefangen war. Er war eigentlich ein großartiger Bursche, und ich wollte wissen, wie es dazu gekommen war, dass er so abgerutscht war. Der Grund war ganz simpel: Seine neuen Freunde machten all diese Dinge; und genau wie Pilatus hatte der junge Mann die Entscheidung getroffen, »die Menge zufriedenzustellen«.

Wohl jeder erlebt so etwas irgendwann einmal. Unsere gesamte Kultur bewegt sich in eine bestimmte Richtung, und wir merken, wie wir mitgerissen werden und Dinge tun, die nicht richtig sind, weil sie gegen den Willen Gottes sind. Dass wir als Christen in den Gemeinden zusammenzukommen, ist zum Teil deshalb so wichtig, weil wir dann wenigstens ein paar Stunden in der Woche von Menschen umgeben sind, die den Wunsch haben, Jesus nachzufolgen. Es tut gut, unter Menschen zu sein, die so denken wie wir, und die uns ermutigen. Wir geben einander die Kraft, auf dem richtigen Weg zu bleiben. Diese Masse, wie beispielsweise die Freunde des jungen Mannes, hat so viel Einfluss, dass es schwer ist, zu widerstehen. Die Masse kann zum Guten oder zum Bösen beeinflussen; es ist also von entscheidender Bedeutung, von Menschen umgeben zu sein, die die eigenen Überzeugungen, Werte und den Glauben teilen, auch wenn es nur sonntags für eine Stunde ist.

In einem Land, in dem man niemals verhaftet werden wird, weil man Christ ist, wo man niemals zum Tode verurteilt wird, weil man Jesus nachfolgt, sind Sie da bereit, auch angesichts von ein wenig Gruppendruck zu denen gezählt zu werden, die Jesus nachfolgen?

5. Misshandlung und Demütigung des Königs

Jesus aber ließ er auspeitschen und zur Kreuzigung abführen. Die Soldaten brachten Jesus in den Hof des Statthalterpalastes und riefen die ganze Truppe zusammen. Sie zogen ihm einen purpurroten Mantel an, flochten eine Krone aus Dornenzweigen und drückten sie ihm auf den Kopf. Dann grüßten sie ihn voller Hohn: »Es lebe der König der Juden!« Mit einem Stock schlugen sie Jesus auf den Kopf, spuckten ihn an und knieten vor ihm nieder, um ihn wie einen König zu ehren.

Nachdem sie ihn so verspottet hatten, zogen sie ihm den roten Mantel wieder aus und gaben ihm seine eigenen Kleider zurück. Dann führten sie Jesus ab zur Kreuzigung. Unterwegs begegnete ihnen Simon aus Kyrene, der Vater von Alexander und Rufus. Simon kam gerade von seinem Feld zurück. Die Soldaten zwangen ihn, das Kreuz zu tragen, an das Jesus gehängt werden sollte Sie brachten Jesus nach Golgatha; das bedeutet »Schädelstätte«. Dort wollten die Soldaten ihm Wein mit Myrrhe zur Betäubung geben. Aber Jesus wollte nichts davon trinken. (Markus 15,15b–23)

Freitagmorgen

8.00 Uhr

Burg Antonia

ES LOHNT SICH, NOCH EIN wenig bei den letzten Stunden vor der Kreuzigung Jesu zu bleiben und sich deutlicher zu vergegenwärtigen, was für ein Ausmaß an Misshandlung er erträgt und was das für unser Leben in der Nachfolge bedeutet. Die Berichte der Evangelien über diese letzten Stunden weichen etwas voneinander ab. So erwähnt Lukas beispielsweise nicht, dass Jesus ausgepeitscht und verspottet wird, als er in den Händen der römischen Soldaten ist. Aber er berichtet als einziger, dass Pilatus Jesus zu Herodes Antipas, dem Sohn Herodes des Großen und Herrscher über Galiläa, schickt, wo Jesus ja gelebt hat. Herodes hält sich zu diesem Zeitpunkt gerade in Jerusalem auf, und Pilatus möchte die Verantwortung für das Urteil auf ihn abschieben. Lukas berichtet, dass Herodes Jesus ausführlich verhört, und als Jesus sich weigert zu antworten, behandelt Herodes ihn verächtlich, indem er ihn verspottet und ihm »einen Königsmantel« umhängt (Lukas 23,11), bevor er ihn zu Pilatus zurückschickt, der ihn dann zum Tod am Kreuz verurteilt.

Matthäus und Markus berichten, dass Jesus ausgepeitscht und *dann* von den römischen Wachen fortgebracht wird zum Hauptquartier des Gouverneurs, wo sie ihn verspotten und demütigen, bevor sie ihn zur Kreuzigung bringen. Alle Evangelisten außer Lukas sind sich darin einig, dass Jesus ausgepeitscht wird, und in allen Evangelien ist von Verspottung und Demütigung die Rede. Dennoch werden aber die Misshandlungen und die Demütigungen nur kurz erwähnt. Was von den Evangelisten eher beiläufig erwähnt wird, wollen wir in diesem Kapitel etwas genauer anschauen.

Körperliche Misshandlung: Auspeitschung

Zur Zeit Jesu war es üblich, Menschen auszupeitschen. Sowohl die Juden als auch die Römer setzten es ein, um zu bestrafen oder zu foltern, so wie viele Kulturen weltweit zu allen Zeiten. Es gibt bis heute viele Regime, die sich dieser Praktik bedienen.

Die Römer setzten bei Tätern, die geringfügigere Straftaten begangen hatten, eine mildere Form des Auspeitschens. Wenn sie aber wirklich eine abschreckende Wirkung erzielen wollten, dann setzen sie so brutale Arten des Auspeitschens ein, dass selbst die abgebrühtesten Zuschauer sich abwenden mussten. So gab es beispielsweise eine Methode, bei der man das Opfer auszog und es zwang, sich über einen Holzblock zu beugen, an den es dann gefesselt wurde. Zwei oder mehr Liktoren (das waren römische Wachsoldaten, die speziell dazu ausgebildet waren, durch Auspeitschen Schmerzen zuzufügen) wechselten sich dann dabei ab, das Opfer mit der Peitsche zu schlagen. Die Peitsche bestand aus Lederstreifen, in die Steinchen, Metallstücke, Glasscherben oder andere Materialien eingeknotet waren, um die Haut des Opfers zu verletzen. Eine Variante der Peitsche, die als »der Skorpion« bezeichnet wurde, hatte Widerhaken, die sich tief ins Fleisch der Opfer bohrten. Der Kirchenhistoriker Eusebius aus dem dritten Jahrhundert schreibt, dass bei Auspeitschungen durch die Römer oft »die Adern des Leidenden bloß lagen, und die Muskeln und Sehnen und Eingeweide des Opfers zu sehen waren.«[7]

---

7   Aus: *Nicene and Post-Nicene Fathers, Second Series* (Hendrickson Publishers, 1999), Vol. 1, S. 189.

Gefangene starben auf diese Weise manchmal schon, bevor sie gekreuzigt wurden. Das Grausame an den Auspeitschungen war jedoch, dass die Menschen eher selten daran starben. Ziel von Auspeitschungen war es, unvorstellbare Schmerzen und Verletzungen zuzufügen, sodass das Opfer noch gerade genug Kraft hatte, den Querbalken des Kreuzes zum Ort der Hinrichtung zu schleppen.

Die Berichte über die Misshandlung und Demütigung sind stark angelehnt an die Worte in Jesaja 50,6, einem Teil eines der Lieder des »Leidenden Gottesknechtes«, die von den ersten Christen als prophetischer Hinweis auf Jesu Leiden durch die Hand der Römer betrachtet wurden. An folgende Verse hat Jesus vielleicht gedacht, als er den Soldaten gegenüberstand:

Meinen Rücken habe ich hingehalten,
als man mich schlug;
ich habe mich nicht gewehrt,
als sie mir den Bart ausrissen.
Ich hielt ihren Beschimpfungen stand
und verdeckte mein Gesicht nicht,
als sie mich anspuckten.

Manche Theologen sind der Meinung, dass sich Stellen wie diese auf das Volk Juda beziehen, das personifiziert wird in der Gestalt des leidenden Knechtes. Aber viele dieser Verse im Zusammenhang mit dem leidenden Knecht weisen allem Anschein nach über Juda hinaus auf das, was Jesus an diesem schrecklichen Tag widerfährt. Für mich ergeben manche der Lieder über den leidenden Gottesknecht nur in Bezug auf Jesus einen Sinn.

Seelische Folter: Demütigung

Jesus fleht nicht um Gnade. Er zeigt keine der Verhaltenswei-
sen, die man von jemandem erwarten würde, der ausgepeitscht
wird. Und das macht die Soldaten, die diese Bestrafungen
durchführen, mit Sicherheit wütend. Sie geben sich nicht damit
zufrieden, seinen Körper zu zerfetzen, sondern wollen ihn auch
psychisch und geistlich brechen, indem sie ihn demütigen.
Markus berichtet: »Die Soldaten brachten Jesus in den Hof des
Statthalterpalastes und riefen die ganze Truppe zusammen«
(Markus 15,16). Eine solche Truppe besteht normalerweise aus
300 bis 600 Soldaten. Das ganze Aufgebot, vielleicht alle, die in
der Burg Antonia stationiert sind, kommen herbei, um sich auf
Kosten eines Gefangenen zu produzieren, von dem sie wissen,
dass er des versuchten Aufstandes gegen ihren Kaiser angeklagt
ist. Außerdem wird ihm vorgeworfen, dass er behauptet, der
König zu sein.

Matthäus berichtet, dass sie Jesus ausziehen, ihn zur Schau
stellen und ihn dann schutz- und wehrlos liegen lassen, einen
blutenden, geschwächten Mann, umringt von Hunderten von
Roms Besten, deren Schwerter, Schilde und Rüstungen alle ein
Beweis für die Stärke und Entschlossenheit des römischen Reiches sind. Schließlich ist ihr Kaiser Herrscher über die ganze
Welt. Sie werden diesem Gefangenen schon zeigen, was sie von
seiner Behauptung halten, er sei der König.

Sie beschließen deshalb, eine gespielte Krönung durchzufüh-
ren, und holen zu diesem Zweck einen Mantel für ihn, wahrscheinlich von einem der Soldaten. Matthäus schreibt, dass das
Gewand rot ist, laut Markus ist es purpurn, die Königsfarbe. Bis
heute ist Purpur die liturgische Farbe sowohl der Adventszeit,
in der wir die nahende Geburt des Königs feiern, als auch der
Fastenzeit, in der sich die Gemeinde auf den Tod Jesu vorbereitet. Aber welche Farbe das Gewand auch immer haben mag,
es bedeckt die Nacktheit Jesu wahrscheinlich nicht ganz, sondern nur notdürftig seinen geschundenen Rücken, als man es

ihm umhängt. Dann beschließen die Soldaten, dass ihr König außer dem Gewand auch noch eine Krone braucht, und sie nehmen einen Dornenzweig und biegen ihn zu einem Kranz zurecht, der den Lorbeerkranz des Herrschers parodieren soll. Dann drücken sie ihm den Kranz auf den Kopf, sodass sich die Dornen in seine Haut bohren.

»Es lebe der König der Juden!« (Matthäus 27,29; Markus 15,18; Johannes 19,3), rufen sie und salutieren vor ihm. Matthäus berichtet, dass sie ihm einen Stock in die Hand geben, der ein Zepter darstellen soll, das Zeichen für die Vollmacht und Autorität des Königs. Dann stellen sie sich im Kreis um ihn herum, bespucken ihn und schlagen ihm ins Gesicht. Sie nehmen den Stock und benutzen ihn dazu, ihn zu schlagen, weniger, um ihm Schmerzen zuzufügen, als ihn noch weiter zu demütigen. Manche knien vor ihm nieder und rufen immer wieder: »Es lebe der König der Juden!«

Auf dieses Bild, diesen schändlich grausamen Spaß auf Kosten eines gequälten Mannes, müssen wir den Blick richten; denn dort bekommen wir eine klare und tragische Sicht darauf, was die Menschen tun, als Gott Mensch wird und unter ihnen lebt. Jesus hätte sie alle mit einem Wort vernichten können. Aber stattdessen erträgt er die Beschämung und Demütigung, zum Teil, damit alle, die nach ihm kommen aus seiner Geschichte etwas über den Zustand der Menschheit lernen können – und darüber, wie kostbar die Gnade Gottes ist.

Es stellt sich natürlich die Frage, warum die Soldaten das alles tun. Warum demütigen sie Jesus? Dieser Mann liebt verlorene Menschen. Er hat die Gute Nachricht vom Reich Gottes gepredigt. Er hat Kranke geheilt. Er hat Blinde sehend gemacht. Und er stellt die Autorität der religiösen Führer infrage, indem er ihre Heuchelei entlarvt.

Was für Männer sind diese Soldaten? In jedem Teil der Geschichte begegnen wir Menschen, die unvorstellbare Dinge tun. Da ist der Hohe Rat, der verlangt, dass Jesus zum Tode verurteilt wird; da ist die Menschenmenge, die lautstark seine Kreuzigung verlangt; und da sind die römischen Soldaten, die sich einen Spaß daraus machen, ihm bei lebendigem Leib das Fleisch von den Knochen zu peitschen und ihn dann zu bespucken und zu demütigen.

Sind all die Hunderte von Soldaten böse Menschen, oder führt ihre Rolle als Besatzer in einem fremden Land, ihr ständiges Wissen um den Wunsch der Einheimischen, sie loszuwerden, zu einer solchen Unmenschlichkeit?

Das Böse in uns

Wenn ich die Berichte der Evangelien darüber lese, wie die Soldaten Jesus ausziehen und ihn quälen, dann erinnert mich das an Bilder aus dem Gefängnis Abu Ghraib, wo während des Irakkrieges amerikanische Soldaten Iraker auszogen, sie verspotteten und demütigten und ihre Taten auch noch filmten oder fotografierten. Was treibt Männer und Frauen nur dazu, so etwas zu tun? Sind sie einfach böse Menschen oder sind es die Umstände, die zu einer solchen Verrohung führen? Gibt es Umstände, unter denen wir als ganz normale Menschen aus Angst vor jemandem oder etwas unsere Menschlichkeit verlieren und dann merken, dass wir eine Politik oder auch Praktiken unterstützen, die für uns in anderen, besseren Zeiten, absolut unvorstellbar gewesen wären?

Ich habe ja den Vorschlag gemacht, dass Sie sich in jedem Abschnitt der Geschichte über das Leiden und den Tod Jesu die Frage stellen, welche Rolle Sie darin gespielt hätten. Ich möchte Sie deshalb jetzt einladen, sich einmal in der Rolle eines römischen Soldaten zu sehen. Vielleicht hilft das dabei zu erkennen, dass Menschen schon immer zu unmenschlichem Verhalten gegeneinander fähig waren. So schmerzlich es ist, aber das ist die Geschichte der Menschheit. Zur Zeit Noahs war Gott so tief betrübt über die Gewalt, die unter den Menschen herrschte, dass er eine Flut schickte, um die Erde und alle Menschen zu vernichten. Es ist leicht, einfach zu sagen: »Dazu wäre ich niemals fähig. Ich wäre niemals einer von den römischen Soldaten gewesen, der sich einen Spaß daraus macht, einen unschuldigen Mann zu verspotten, auszupeitschen und zu quälen.« Mit solchen Behauptungen müssen wir sehr vorsichtig sein.

Im Jahr 1971 untersuchte Philip Zimbardo, ein Psychologe an der *Stanford University*, für die *United States Navy* das Verhalten von Menschen in Gefängnissen. Er und seine Kollegen bauten den Keller des Psychologiegebäudes in Stanford in ein Gefängnis um, heuerten 24 Studenten der Uni an, die aus der Mittelschicht stammten, und ordneten dann willkürlich zwölf von ihnen der Gruppe der Gefängniswärter und zwölf der Gruppe der Häftlinge zu. Letztere wurden verhaftet und ins »Gefängnis« gebracht, wo sie und ihre Wärter 14 Tage lang beobachtet wurden. Das Experiment musste jedoch nach sechs Tagen abgebrochen werden, weil die Studenten, die als Gefängniswärter ausgesucht worden waren, ihre Rolle so ernst nahmen, dass sie anfingen, ihre Studenten-Gefangenen zu verletzen und zu unterdrücken. Sie vergaßen völlig, dass es sich um ein Experiment handelte.

In den folgenden 30 Jahren analysierte Zimbardo dann die Ergebnisse des Versuches und beschäftigte sich mit der Frage, was sie für andere Bereiche bedeuten könnten. Dabei fand er heraus, dass jeder Mensch fähig ist, sich von einem Dr. Jekyll in einen Mr. Hyde zu verwandeln.[8] So interviewte er beispielsweise eine ruandische Frau, die von Stammesoberhäuptern davon überzeugt worden war, dass ihre Nachbarn – Menschen, mit denen zusammen sie aufgewachsen war und die sie bereits ihr ganzes Leben lang kannte – Feinde waren und vernichtet

---

8   *Der seltsame Fall des Dr. Jekyll und Mr. Hyde (Strange Case of Dr Jekyll and Mr Hyde)* ist eine Novelle des schottischen Schriftstellers Robert Louis Stevenson (1850–1894) aus dem Jahr 1886. Sie ist eine der berühmtesten Ausformungen des Doppelgängermotivs in der Weltliteratur.

werden mussten. Sie tötete die Kinder der Nachbarn und dann die Frau, die schon seit ewigen Zeiten eine enge Freundin war. Sie war später nicht in der Lage zu erklären, wie oder warum es dazu gekommen war. Sie wusste nur, dass sich irgendwie eine innere Verwandlung bei ihr vollzogen hatte, und jetzt schämte sie sich für das, was sie getan hatte.

Im Jahr 1963 sprach Stanley Milgram von der *Yale University* Passanten auf der Straße an und fragte, ob sie Interesse hätten, an einem wissenschaftlichen Experiment teilzunehmen. Für vier Dollar pro Stunde wurden die Probanden dann vor eine Anzeigetafel mit Messgeräten gesetzt und bekamen die Aufgabe, Elektroschocks zu verabreichen, wenn in einem Nebenraum jemand, den sie nicht sehen, aber hören konnten, Fragen falsch beantwortete. Das Experiment sollte zeigen, wie weit die Menschen gehen, wenn eine Autoritätsperson den Befehl erteilt, die Stärke der Stromschläge stetig zu steigern, bis sie sogar tödliche Wirkung haben würden. In Wirklichkeit bekam natürlich niemand einen Stromschlag, aber das wussten die Probanden nicht, weil sie die Opfer der Stromstöße ja nicht sahen, sondern nur hörten. Vor dem Versuch schätzten die Wissenschaftler, dass nur ein Prozent der Versuchspersonen bereit sein würde, vermeintlich tödliche Stromstöße zu verabreichen. Tatsächlich waren dann aber 65 Prozent der Probanden bereit, die Stromstärke bis auf 150 Volt zu steigern – trotz der vermeintlichen Schmerzensschreie, die von der Person aus dem anderen Raum zu hören waren. Selbst nachdem die Schreie verstummten, waren die Versuchspersonen noch bereit, weitere Stromstöße zu verabreichen, weil ihnen die Autoritätsperson sagte, der Versuch müsse unbedingt und auf jeden Fall zu Ende geführt werden. *65 Prozent!*

Im Rückblick auf Milgrams und seinen eigenen Versuch erkannte Zimbardo viele historische Parallelen. Haben Sie sich schon einmal gefragt, was an den Deutschen in den 1930er- und 40er-Jahren so anders war als an denen von heute? Waren sie wirklich so anders als die Amerikaner von heute, als Menschen wie Sie und ich? Warum waren so viele ganz normale Leute bereit, unter bestimmten Umständen ihre jüdischen Nachbarn umzubringen?

Ganz normale Leute können dazu gebracht werden, furchtbare Dinge zu tun. Bei einem bestimmten Zusammenspiel von Ideologie, Autorität und schrittweiser Desensibilisierung können wir alle zu Ungeheuern werden, die fähig sind, andere mit Waffen vom Wort bis hin zu Gaskammern zu vernichten. Das ist eine Realität, der wir uns stellen müssen und die uns gebietet, wachsam zu sein. Und wir müssen auf Gott schauen und begreifen und verinnerlichen, wozu er uns berufen hat.

Sie führten ihn weg, um ihn zu kreuzigen

Als die Soldaten mit Jesus fertig sind, ziehen sie ihm seine Kleider wieder an und führen ihn vom Hof der Burg Antonia auf einen felsigen Hügel, auf dem er gekreuzigt werden soll. Der lateinische Name dieses Hügels ist *Calvaria*, das bedeutet »Schädel«. Golgatha ist die aramäische Entsprechung dieses Namens. Der Ort heißt vielleicht »Schädelstätte«, weil dort Überreste von Schädeln hingerichteter Verbrecher herumlagen; denn die Leichname wurden oft einfach hängen gelassen und von Geiern und Hunden gefressen. Es kann aber auch sein, dass der Hügel die Form eines Schädels hatte. Den Touristen, die heute Jerusalem besuchen, werden in der Regel zwei mögliche Standorte dieses Hügels gezeigt. Dabei ist die Stelle, die die Phantasie der meisten Besucher besonders anregt, wahrscheinlich eher nicht der Originalschauplatz. Diese Stelle ist unter dem Namen »Gartengrab« bekannt. Es ist ein Felsplateau, das heute ein Busdepot überragt, aber die Form ähnelt tatsächlich einem Schädel. Ganz in der Nähe entdeckte ein englischer General namens Charles Gordon Ende des 19. Jahrhunderts bei einem Besuch in Palästina ein altes Grab, das rasch als mögliches Grab Jesu Bekanntheit erlangte.

Wahrscheinlicher ist jedoch, dass das damalige Golgatha an dem Ort lag, an dem sich heute die Grabeskirche befindet. Diese Annahme ist von den Urgemeinden bestätigt. Besucher werden eine Treppe den Hügel hinauf geführt zu einer Kapelle, die etwa viereinhalb Meter über eine Gesteinsformation gebaut ist. Die Spitze dieser Formation ist unter einem Glasgehäuse im Innern der Kirche zu sehen, und dahinter befindet sich ein Altar. Man glaubt, dass die drei Löcher, die in diesen Fels gemeißelt wurden, die Stellen sind, an denen damals die drei Kreuze aufgestellt waren. Wenn Gläubige den Raum betreten, gehen viele von ihnen nach vorne zum Altar zu dieser heiligen Stelle. Viele knien dort nieder und kriechen unter den Altar, um ihre Hände auf den Fels zu legen, auf dem Jesus gekreuzigt worden sein soll. Es ist ein intensives Erlebnis, sich der Stelle zu nähern, immer wieder innezuhalten und dabei an die Kreuzigungsgeschichte zu denken. Dann wird die Geschichte, die man zuvor wie eine Sage oder ein Märchen gelesen hat, plötzlich ganz real. Sich an einem solchen Ort aufzuhalten, macht einem intensiv klar, dass all diese Ereignisse wirklich stattgefunden haben, dass Gott als Mensch auf der Erde gelebt hat und dort, genau an dieser Stelle gestorben ist.

Golgatha ist ungefähr 500 Meter von der Stelle entfernt, wo einmal der Palast von Pilatus gestanden hat. In dem geschwächten Zustand, in dem Jesus damals gewesen ist, wird er für den Weg etwa eine halbe Stunde gebraucht haben.

Johannes berichtet, dass Jesus sein Kreuz selbst tragen muss – wahrscheinlich handelt es sich dabei um den Querbalken, denn die Längsbalken der Kreuze bleiben normalerweise an der Hinrichtungsstätte stehen. Jesus dazu zu zwingen, das Kreuz, an dem er hingerichtet werden soll, selbst zur Hinrichtungsstätte zu tragen, ist für die Römer eine weitere Möglichkeit, ihn zu demütigen und ihm seelischen Schmerz zuzufügen. Im Unterschied zu Johannes berichten Matthäus, Markus und Lukas, dass Simon von Kyrene das Kreuz für Jesus trägt. Diese beiden Versionen sind nicht schwer miteinander in Einklang zu bringen, wenn wir uns vorstellen, dass Jesus das Kreuz eine kurze Strecke trägt, bis sein völlig ausgetrockneter und geschwächter Zustand es nicht mehr zulässt.

Kyrene ist eine Stadt im Norden von Libyen, und Simon ist wahrscheinlich ein Jude, der von dort aus nach Jerusalem gekommen ist, um in der heiligen Stadt das Passahfest zu feiern. Vermutlich wird er dort dann von den Römern zum Dienst für das römische Reich gezwungen. Als er und Jesus sich Golgatha nähern oder vielleicht auch erst, als sie beim Hinrichtungsplatz angekommen sind, bietet jemand Jesus einen Becher Wein an, dem Myrrhe beigemischt ist (Markus 15,23). Wahrscheinlich soll dieser Trunk als Schmerzmittel dienen, da der Myrrhe eine schmerzlindernde Wirkung zugeschrieben wird; es kann sich dabei also um einen Akt des Mitgefühls gehandelt haben mit der Absicht, für den schlimmsten Teil der Qualen, der noch bevorstand, die Schmerzen etwas zu betäuben. Dies ist das zweite Mal, dass Myrrhe in den Evangelien erwähnt wird (siehe Matthäus 2,11); als Maria, die Mutter Jesu, diese Geste mitbekommt, erinnert sie sich vielleicht daran, dass einer der Weisen ihrem Sohn kurz nach der Geburt Myrrhe als Geschenk mitgebracht hat. Vielleicht hat sie dieses Geschenk für ihren Sohn damals als ein wenig merkwürdig empfunden, aber jetzt begreift sie es als prophetisch.

Obwohl Jesus seit dem Letzten Abendmahl weder gegessen noch getrunken hat, lehnt er es ab, das Schmerzmittel anzunehmen. Es ist, als will er sagen:»Ich werde die volle Wucht dessen tragen, was mir bevorsteht. Ich werde den Schmerz nicht betäuben.« Sein Leiden geschieht ja zum Zweck der Erlösung. Es gehört zu dem Plan, den Gott mit ihm und der Welt hat, und er ist fest entschlossen, alles bei vollem Bewusstsein zu erleben.

Die Kraft opferbereiter Liebe

Christen glauben, und Jesus hat ganz eindeutig gelehrt, dass sein Leiden und sein Tod das Mittel zur Erlösung der Menschheit ist. Durch das Leiden und den Tod Jesu sollen Männer und Frauen Vergebung empfangen, Erlösung und die Wiederherstellung einer intakten Beziehung zu Gott. Im letzten Kapitel haben wir uns ja bereits mit einer Theorie der Sühne befasst: der Stellvertreter-Theorie, die besagt, dass Jesus stellvertretend für alle Menschen, die auf ihn als Erlöser vertrauen, gelitten hat und gestorben ist. Er stirbt an unserer Stelle, nimmt die Strafe für unsere Sünden auf sich, weil wir ständig den Willen Gottes verletzen. Wir wollen uns jetzt mit einer weiteren Theorie beschäftigen – der Theorie des moralischen Einflusses der Sühne.

Nach der Theorie des moralischen Einflusses der Sühne soll das Sühneopfer Gott nicht umstimmen oder es ihm möglich machen, uns zu vergeben, sondern es soll bewirken, dass wir Menschen uns ändern. Das Leiden und Sterben und die Auferstehung Jesu stellen ein göttliches Drama dar, das dazu gedacht ist, der Menschheit das Wort Gottes zu vermitteln, und klar zu machen, dass wir Vergebung und Erlösung nötig haben. Und es soll uns außerdem das ganze Ausmaß der Liebe Gottes zeigen und uns in die Buße führen. Das Johannesevangelium beginnt mit einem Prolog, in dem Johannes von Jesus als dem Wort Gottes spricht. Jesus ist Gottes Mittel, um mit uns zu kommunizieren, sein Fleisch gewordenes Wort. In Jesus bekommt das Wesen Gottes Menschengestalt, um seinen Charakter, seine Liebe und seinen Willen für die Menschen erkennbar zu machen.

Was versucht Gott nun durch das Leiden und den Tod Christi zu sagen? Die Ereignisse um die letzten 24 Stunden des irdischen Lebens von Jesus herum sprechen als Erstes von der Gebrochenheit der Menschheit. Wie wir ja bereits festgestellt haben, spiegelt jede Person, die an dieser Tragödie beteiligt ist, diese Gebrochenheit wider. Die Jünger schlafen erst ein und fliehen dann aus lauter Angst, als Jesus verhaftet wird. Judas verrät Jesus. Petrus verleugnet ihn. Der Hohe Rat wünscht sich seinen Tod, und die Menge zieht einen Messias, der Gewalt predigt, einem Messias vor, der Liebe predigt. Der Gouverneur will die Menge zufriedenstellen, und die Soldaten haben Spaß daran, einen unschuldigen Mann zu foltern und zu demütigen.

Diese Geschichte darüber, was die Menschen tun, als Gott unter ihnen wohnt, ist eine Anklage gegen die Menschheit. Wir sollen uns selbst in dieser Geschichte wiederfinden und uns von ihrem tragischen Ende bewegen lassen. Uns soll klar werden, dass bei uns etwas zutiefst nicht stimmt, dass wir gebrochen sind und Vergebung brauchen.

Ich habe schon mehrmals das *National Holocaust Museum* in Washington besucht. Ich bin mit jeder von meinen Töchtern dort gewesen, um die Fotos, die Videoerklärungen und die Exponate anzuschauen, die die Gräuel dokumentieren, welche bei der von Hitler geplanten »Endlösung der Judenfrage« – der Ermordung der europäischen Juden – verübt wurden. Das Museum ist ein Beleg für die grausige Unmenschlichkeit der Nazis. Aber es ist auch ein Zeugnis für die Mittäterschaft von Millionen von Menschen in Europa, die nicht bereit waren, sich gegen das Böse zu stellen, einschließlich vieler Kirchenführer. Sogar die Vereinigten Staaten, die ja letztlich eine Schlüsselrolle beim Sieg gegen Hitler spielten, weigerten sich, größere Mengen jüdischer Einwanderer aus Europa aufzunehmen, als die Nazis zur »Endlösung« schritten. Der Holocaust ist nicht nur eine Anklage gegen die Nazis, sondern gegen die ganze Menschheit.

Meine Töchter und ich waren nach den Besuchen in dem Museum jedenfalls tief berührt, und wir fühlten uns mitschuldig durch das, was wir dort gesehen hatten. Das ist das Ziel des *Holocaust Museums*: das Gesehene soll die Besucher so tief berühren, dass sie beim Verlassen des Museums fest entschlossen sind, alles dafür zu tun, dass so etwas nie wieder geschieht.

Und auf die gleiche Weise sollen nach Aussage der Theorie des moralischen Einflusses das Leiden und der Tod Jesu diejenigen, die die Geschichte hören, zutiefst berühren. Das Leiden und der Tod Jesu sollen unserer Seele einen Spiegel vorhalten, sollen uns auf unseren Neid, unsere Kleinlichkeit, unseren Egoismus, unsere geistliche Blindheit und die Finsternis aufmerksam machen, die in unser aller Seelen lauert. Wir sollen die Berichte der Evangelien über die Folter, Demütigung und Kreuzigung Jesu lesen und dann sagen »Nie wieder!« oder »Gott, bitte rette uns vor uns selbst. Herr, erbarme dich über uns!« Die Berichte sollen uns in die Buße führen.

Die Zerbrochenheit der gesamten Menschheit ist jedoch nicht das einzige, was wir durch diese Geschichte erkennen sollen. Wir sollen auch die Liebe des Einen erkennen, der für uns leidet, und seine Entschlossenheit, uns vor uns selbst und unserer Sünde zu retten. Das Leiden und der Tod Jesu sind kein Versehen. Jesus entscheidet sich für den Weg, von dem er weiß, dass er mit seiner Leidensgeschichte enden wird. Er stellt sich der Peitsche, der Dornenkrone und dem Kreuz mit Entschlossenheit, Schweigen und Würde. Er steht völlig entblößt da, als will er sagen: »Erkennt ihr jetzt das Ausmaß der Liebe meines Vaters? Versteht ihr jetzt, dass ich gekommen bin, damit ihr endlich von einer Liebe erfahrt, die bereit ist zu leiden, ja sogar zu sterben, um euch zu gewinnen?«

Jesus zeigt eine Liebe, die sich weigert, dem Wunsch nach Vergeltung nachzugeben, die es aber auch ablehnt, aufzugeben. Er ist entschlossen, den Feind zu lieben, um Freiheit für ihn zu erlangen und die Beziehung als Freunde und geliebte Kinder wiederherzustellen. In Römer 5,8 sagt Paulus: »Gott aber hat uns seine große Liebe gerade dadurch bewiesen, dass Christus für uns starb, als wir noch Sünder waren.« Und in Johannes 3,16 steht: »Denn Gott hat die Menschen so sehr geliebt, dass er seinen einzigen Sohn für sie hergab. Jeder, der an ihn glaubt, wird nicht zugrunde gehen, sondern das ewige Leben haben.«

Durch das Kreuz wird das ganze Ausmaß der Liebe Gottes deutlich gemacht.

Ein letzter Gedanke zum Wesen dieser opferbereiten Liebe. Er hat uns ein Beispiel von einer Art von Liebe gegeben, die allein die Kraft hat, die Menschheit von ihren selbstzerstörerischen Wegen zu retten. Opferbereite Liebe macht aus Feinden Freunde, sie beschämt die Schuldigen, sodass sie Reue zeigen und Buße tun, und sie erweicht Herzen aus Stein. Die Welt wird verändert durch echte Demonstrationen opferbereiter Liebe und durch selbstloses Dienen.

Im November 2004 wurde Tammy Duckworth, eine Reservistin, die in den Irak abkommandiert worden war, als Copilotin in einem *Black-Hawk*-Helikopter von einer Rakete getroffen, die zu ihren Füßen explodierte, ihr ein Bein abriss und einen Arm zertrümmerte. Der Hubschrauber machte eine Bruchlandung, Tammy Duckworth war allem Anschein nach tot. Die Soldaten, die mit Tammy in dem Helikopter saßen, wussten, dass der Feind unterwegs war zu der Stelle, wo der Hubschrauber heruntergekommen war, und dass sie wahrscheinlich alle sterben würden, wenn sie vom Feind gefangen genommen würden; aber sie weigerten sich, die vermeintlich tote Tammy zurückzulassen. Mit Mühe befreiten sie sie aus dem Helikopter und trugen sie dann über Felder mit hohem Gras unter Lebensgefahr dort weg, um den Leichnam herauszubringen. Als sie schließlich in Sicherheit waren, stellten sie fest, dass Tammy wie durch ein Wunder noch am Leben war, obwohl sie die Hälfte ihres Blutes verloren hatte. Sie erholte sich wieder, bekam Prothesen und ist inzwischen wieder völlig mobil. Später wurde sie zur Leiterin des *Illinois Department of Veterans Affairs* ernannt, einer Behörde, die sich mit Angelegenheiten ehemaliger Soldaten befasst. Der Senat der Vereinigten Staaten bestätigte sie in diesem Amt. Auf die Frage, was sie dabei empfände, dass ihre Kameraden ein so hohes Risiko eingegangen wären, um sie zu retten, sagte Major Duckworth: »Man muss jeden Morgen aufstehen und versuchen so zu leben, dass man sich dieser Mühe und dieses Opfers als würdig erweist.«

Das ist die Kraft opferbereiter Liebe, und genau dazu soll uns das Kreuz Christi motivieren. Wir sollen auf das Kreuz Jesu schauen und sagen: »Ich muss so leben, dass ich mich dieses Opfers als würdig erweise.« Wir sollen durch das Sühneopfer Jesu verändert werden und dann wiederum anderen gegenüber diese opferbereite Liebe praktizieren. Wenn jeder neue Christ eine solche Liebe lebt, dann verändert sich die Welt, und die Menschheit wird verwandelt.

Das Vermächtnis des Simon

Bevor wir jetzt zur Kreuzigung kommen, möchte ich die Aufmerksamkeit noch einmal auf Simon von Kyrene richten, den Mann, der zum Dienst für die römische Armee gezwungen wird und das Kreuz Jesu tragen muss. Ist dieser Besucher aus Libyen lediglich ein Passant, der zur falschen Zeit am falschen Ort ist, oder hat er beobachtet, wie Jesus zu Unrecht leidet? Ist es möglich, dass er ein Anhänger Jesu ist, der sein Leben riskiert, um zu helfen?

Wir wissen nicht, ob Simon schon vor der Begegnung mit Jesus zu seinen Anhängern gehört hat, aber von Markus bekommen wir den verblüffenden Hinweis, dass Simon von diesem Augenblick an Jesus nachfolgt, und dass das Erlebnis, das Kreuz Christi zu tragen, ihn zutiefst berührt hat. In Markus 15,21 steht: »Unterwegs begegnete ihnen Simon aus Kyrene, der Vater von Alexander und Rufus. Simon kam gerade von seinem Feld zurück. Die Soldaten zwangen ihn, das Kreuz zu tragen, an das Jesus gehängt werden sollte.« Die Tatsache, dass Markus im Unterschied zu Lukas und Matthäus die Namen der Söhne erwähnt, ist ein Hinweis darauf, dass die Menschen, für die Markus dieses Evangelium schrieb – die Christen in Rom etwa 36 Jahre später –, wissen, wer Alexander und Rufus sind. Und zu diesem Zeitpunkt ist Simon auf jeden Fall schon tot. In Römer 16,13 schreibt Paulus nur ein paar Jahre, bevor Markus sein Evangelium verfasst, an die Christen von Rom: »Grüßt Rufus, den der Herr zu seinem Dienst auserwählt hat, und seine liebe Mutter, die auch mir eine Mutter gewesen ist.« Wahrscheinlich ist also dieser Rufus der Sohn von Simon und inzwischen Leiter in der Gemeinde, »zu seinem Dienst auserwählt«, und seine Mutter steht Paulus ganz besonders nahe. Die Erfahrung, unmittelbar neben Jesus zu leiden, sein Kreuz zu tragen und mit anzusehen, wie er gekreuzigt wird, berührt Simon anscheinend so stark, dass er der erste Gläubige ist, der durch die moralische Wirkung des Sühneopfers verwandelt wird. Er wird durch das Leiden Jesu innerlich so stark bewegt, dass er beschließt, ihm nachzufolgen. Auch Simons Frau und seine Kinder werden Anhänger Jesu und folgen ihm nach.

Wo finden Sie sich selbst in dieser Geschichte wieder? Erkennen Sie sich selbst in den Soldaten wieder, die vor Jesus niederknien und sagen: »Es lebe der König der Juden!«, ihn damit aber nur verspotten wollen? Es sind Männer, die gern Macht haben, die anderen gern Schmerzen zufügten, und die letztlich völlig blind sind. Ich habe einmal einen Freund gefragt: »Hast du dich jemals durch Worte oder Taten über Jesus lustig gemacht?«, und er antwortete: »Die Frage müsste eher lauten, wann ich das nicht tue. Ich habe das Gefühl, dass ich eigentlich ständig damit zu kämpfen habe, Jesus zu verspotten, indem ich das eine über ihn sage, wenn ich im Gottesdienst und in der Gemeinde bin, ihn aber den Rest der Woche oft durch Worte und Taten verhöhne. Ich lebe jedenfalls nicht so, als wäre er mein König.«

Bejubeln Sie Jesus auch am Sonntag als König und verspotten ihn dann am Montag durch Worte und Taten?

Aber vielleicht erkennen wir uns ja auch in Simon wieder. Er sieht Jesus leiden und ist davon so bewegt, dass er ihm nachfolgt; und Jahrzehnte später, als er schon tot ist, dienen seine Frau und seine Söhne immer noch dem Herrn. Das ist die Art von Verwandlung, die wir anstreben sollen, wenn wir uns das Leiden und den Tod Jesu anschauen.

6. Die Kreuzigung

Es war neun Uhr morgens, als sie ihn kreuzigten. Über ihm wurde ein Schild angebracht, auf dem man lesen konnte, weshalb er verurteilt worden war. Darauf stand: »Der König der Juden!« Mit Jesus wurden zwei Verbrecher gekreuzigt, einer rechts, der andere links von ihm. Die Leute, die am Kreuz vorübergingen, beschimpften ihn und schüttelten spöttisch den Kopf: »So! Den Tempel wolltest du zerstören und in drei Tagen wieder aufbauen? Dann rette dich doch selber, und komm vom Kreuz herunter!«

Auch die Hohenpriester und Schriftgelehrten verhöhnten Jesus: »Anderen hat er geholfen, aber sich selbst kann er nicht helfen! Dieser Christus, dieser König von Israel, soll er doch vom Kreuz heruntersteigen! Dann wollen wir an ihn glauben!« Ebenso beschimpften ihn die beiden Männer, die mit ihm gekreuzigt worden waren.

Am Mittag wurde es plötzlich im ganzen Land dunkel. Diese Finsternis dauerte drei Stunden. Gegen drei Uhr rief Jesus laut: »Elo?, Elo?, lema sabachtani?« Das heißt:

»Mein Gott, mein Gott, warum hast du mich verlassen?«
Einige von den Umstehenden aber meinten: »Er ruft den
Propheten Elia.« Einer von ihnen tauchte schnell einen
Schwamm in Essig und steckte ihn auf einen Stab, um
Jesus davon trinken zu lassen. »Wir wollen doch sehen,
ob Elia kommt und ihn herunterholt!«, sagte er. Aber
Jesus schrie laut auf und starb. Im selben Augenblick
zerriss im Tempel der Vorhang vor dem Allerheilig-
sten von oben bis unten. Der römische Hauptmann, der
neben dem Kreuz stand und mit angesehen hatte, wie
Jesus starb, rief: »Dieser Mann ist wirklich Gottes Sohn
gewesen!«

(Markus 15,25–39)

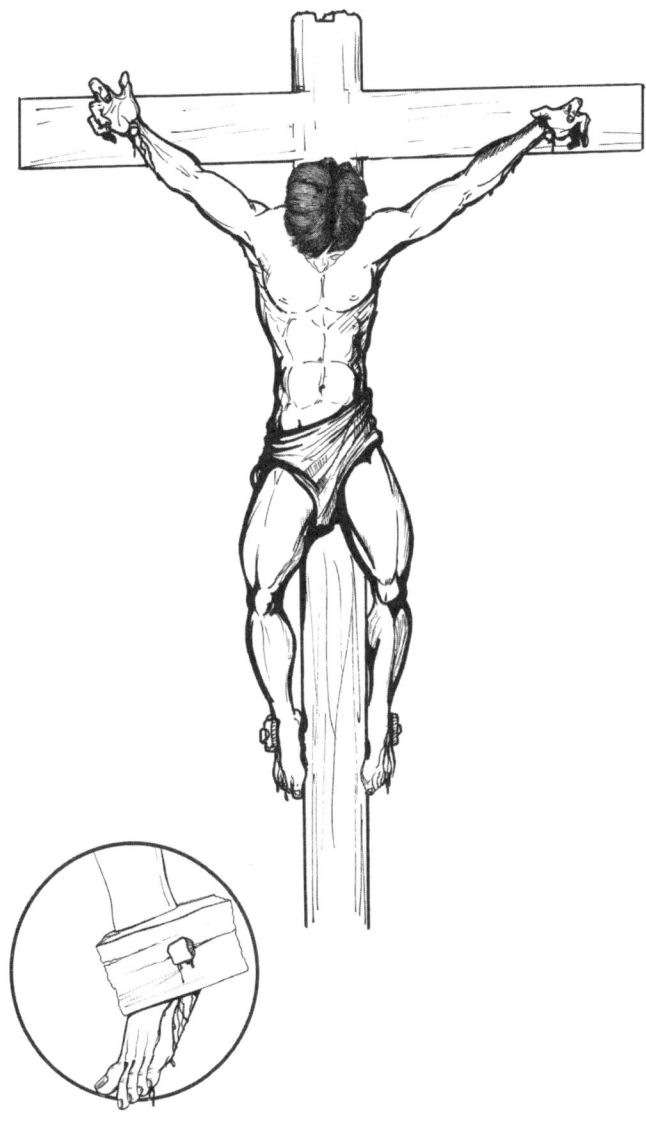

Freitag

9.00–15.00 Uhr

Golgatha, außerhalb der Stadtmauer von Jerusalem

»Die Mitleid erregendste aller Todesarten«

JETZT KOMMEN WIR ZUM KREUZ. Wie wir ja bereits festgestellt haben, praktizierten die Römer die Kreuzigung als Methode, den Menschen Angst einzujagen, und das 800 Jahre lang. Es war ein entsetzlicher Tod, und wer einmal eine Kreuzigung miterlebt hatte, dachte nicht einmal mehr daran, das römische Gesetz zu übertreten. Wenn die Gefahr bestehe, verhaftet und gekreuzigt zu werden, so sei es besser, Selbstmord zu begehen, sagt Seneca. Cicero bezeichnet die Kreuzigung als »äußerste und höchste Bestrafung für Sklaven« und als »grausamste und ekelerregende Strafe«. Und Josephus nennt die Kreuzigung die »Mitleid erregendste aller Todesarten«.

Die Kreuzigung war eine extrem wirksame Verbrechensabschreckung, denn Kreuzigungen wurden an den Hauptverkehrswegen vollstreckt, wo viele Menschen sie mitbekamen. Der Längsbalken des Kreuzes blieb an der Hinrichtungsstätte stehen, und nachdem der Verbrecher ausgepeitscht worden war, musste er selbst in seinem bereits geschwächten Zustand den schweren Querbalken zur Hinrichtungsstätte schleppen. Normalerweise ließ man die Opfer einer Kreuzigung einfach hängen, oder sie wurden vom Kreuz abgenommen, in der Nähe des Kreuzes auf den Boden gelegt und den wilden Tieren zum Fraß überlassen. Manche Leichname wurden auch auf Abfallhaufen geworfen, und die Knochen wurden dann später einfach verstreut, wenn nicht Angehörige sie an sich nahmen. Den Römern wurde es normalerweise nicht gestattet, zur Kreuzigungsstätte zu kommen und die sterblichen Überreste von Angehörigen von dort wegzuholen. Aber in Jerusalem war es den Angehörigen erlaubt, ihre Toten nach einer Kreuzigung begraben.

Ziel einer Kreuzigung war es, das Opfer möglichst lange möglichst heftig leiden zu lassen. Manchmal hingen Opfer tagelang am Kreuz, bevor sie endlich starben. Je nachdem, was für die Römer bequemer war, wurden die Arme des Opfers entweder an den Handgelenken ans Kreuz genagelt, oder sie wurden mit Tauen ans Kreuz gefesselt. Die Füße wurden anscheinend immer am Kreuz festgenagelt. Der gekreuzigte Jesus wird normalerweise so dargestellt, dass seine Füße übereinander auf der Vorderseite des Kreuzes liegen und mit einem Nagel am Kreuz festgenagelt sind. Neuere Untersuchungen deuten darauf hin, dass diese Darstellung falsch ist.

Im Jahr 1968 wurde außerhalb von Jerusalem das Ossuarium (Knochenbehälter) eines etwa 27 Jahre alten Mannes entdeckt, der als Yehonnan identifiziert wurde. Man nimmt an, dass die sterblichen Überreste aus dem Ossuarium aus dem ersten Jahrhundert stammen. Unter anderem gab es einen Fersenknochen, in dem immer noch ein Nagel steckte, und Handgelenke mit Hinweisen auf Verletzungen von einem Seil, das anscheinend die Haut durchgescheuert hatte. Das war der allererste Knochenfund, bei dem es Hinweise darauf gab, dass der Tote gekreuzigt worden war. Dieser Fund veranlasste eine Reihe von Wissenschaftlern, ihre Vorstellung von Kreuzigungen zu revidieren. Inzwischen glaubt man, dass die Beine der Opfer gebeugt und dann zur Seite gedreht wurden, sodass ein Fußgelenk auf der Hinter- und eines auf der Vorderseite des Kreuzes lag und beide Füße mit einem langen Nagel durchbohrt und am Kreuz fixiert werden konnten. Weitere Untersuchungen haben sogar dieses revidierte Bild korrigiert. Der Nagel, den man im Fersenknochen Yehonnans fand, war etwa 15 cm lang. Zwischen dem Kopf des Nagels und dem Knochen fand man Holzfragmente, die gegen den Fuß gepresst worden waren – der Nagel wurde erst durch das Holz, dann durch den Fuß und dann ins Kreuz getrieben, den Fuß des Opfers festhaltend. Daraus schlossen die

Forscher, dass der Nagel nicht lang genug gewesen wäre, um beide Füße ans Kreuz zu nageln. Dies führte sie zu der Vermutung, dass jeder Fuß an einer Seite des Kreuzes festgenagelt worden sei. Wahrscheinlich wurden auch Jesu Beine auf diese Art festgenagelt, und wir wissen, dass seine Arme an den Handgelenken eher angenagelt als angebunden waren.

Die Beine des Yehonnan waren gebrochen, genau wie nach dem Bericht von Johannes auch die Beine der beiden Verbrecher, die neben Jesus am Kreuz hingen. Das war eine Methode, die von den Römern manchmal angewendet wurde, um das Eintreten des Todes zu beschleunigen. Man weiß nicht genau, wieso das so war, aber eine mögliche Erklärung wäre, dass sich durch die Knochenfraktur Blutgerinnsel bildeten, die dann zu Embolien führten. Es könnte auch sein, dass es den Stress und Schock verstärkte und es dadurch zu einem Kreislaufzusammenbruch kam, oder aber, dass sich das Opfer durch die gebrochenen Beine nicht aufrichten konnte und dadurch das Atmen erschwert wurde.

Im Allgemeinen stellt man sich vor, dass der gekreuzigte Jesus in großer Höhe über dem Boden hing, aber inzwischen geht man davon aus, dass die Kreuze nicht höher als etwa 2.75 Meter waren. Damit oben am Kreuz noch Platz für das Schild war, auf dem das Verbrechen stand, weswegen der jeweilige Straftäter hingerichtet worden war, befanden sich die Füße der Hinrichtungsopfer vermutlich nicht mehr als etwa 95 Zentimeter über dem Boden. Jesus hing also nicht mehr als 60 bis 95 Zentimeter über seiner Mutter, dem Jünger Johannes, den Soldaten und denjenigen, die ihm Beleidigungen zuriefen und ihn verspotteten. Er konnte ihnen in die Augen sehen und sie ihm. Sie waren ihm viel näher, als allgemein angenommen wird. Das kann man gut veranschaulichen, indem man sich neben eine Person auf einen Stuhl stellt – so in etwa war der Höhenunterschied zwischen Jesus und den Menschen, die an seinem Kreuz standen.

Es gibt die Theorie, dass der Tod bei einer Kreuzigung durch Ersticken eintrat. Für das Opfer war es sehr schwierig einzuatmen, weil es sich nicht aufrichten konnte. Je länger das Opfer am Kreuz hing, desto erschöpfter war es, und desto schwieriger wurde das Einatmen, sodass der Atem immer flacher wurde und das Opfer langsam erstickte. Eine andere Theorie über die Todesursache bei einer Kreuzigung besagt, dass eine Ansammlung von Flüssigkeit um das Herz herum letztlich zu Herzversagen führte. Der Flüssigkeitsverlust und eine daraus folgende Austrocknung werden ebenfalls als mögliche Todesursache betrachtet, ebenso wie ein hypovolämischer Schock (der eng mit der Austrocknung und dem Blutverlust zusammenhängt und unter anderem zunehmende Unruhe und Angstzustände bei dem Opfer hervorruft). Wieder andere sind der Meinung, dass ein Zusammenwirken aller dieser Faktoren letztlich zum Tod des Kreuzigungsopfers führte. Fest steht, dass es sich bei der Kreuzigung um eine extrem wirksame Art handelte, jemandem über einen sehr langen Zeitraum sehr leiden zu lassen. Der nackte, blutende Jesus hängt jedenfalls sechs Stunden lang so am Kreuz.

Das Sühneopfer

Es ist nachzuvollziehen, warum die jüdischen Führer, die Masse und die Römer Jesus kreuzigen wollen; aber warum akzeptiert Jesus scheinbar so bereitwillig seinen Tod als Teil seines Auftrages und fügt sich ganz und gar seinem Schicksal? Und warum schickt Gott Jesus in dem Wissen, dass all das passieren wird?

Die Christen weisen auf den Tod Jesu am Kreuz als das historische Ereignis hin, in dem Gott handelt, um die Welt zu erlösen. Paulus schreibt in Römer 5,6–11:

Schon damals, als wir noch hilflos der Sünde ausgeliefert waren, ist Christus zur rechten Zeit für uns gottlose

Menschen gestorben. Kaum jemand von uns würde für einen anderen Menschen sterben, selbst wenn er schuldlos wäre. Es mag ja vorkommen, dass einer sein Leben für einen ganz besonders gütigen Menschen opfert. Gott aber hat uns seine große Liebe gerade dadurch bewiesen, dass Christus für uns starb, als wir noch Sünder waren. Wenn wir jetzt von Gott angenommen sind, weil Jesus sein Blut für uns vergossen hat, dann werden wir erst recht am kommenden Gerichtstag vor Gottes Zorn gerettet. Als wir noch seine Feinde waren, hat Gott uns durch den Tod seines Sohnes mit sich selbst versöhnt. Wie viel mehr werden wir, da wir jetzt Frieden mit Gott haben, am Tag des Gerichts bewahrt bleiben, nachdem ja Christus auferstanden ist und lebt. Doch das ist nicht der einzige Grund, Gott zu loben und ihm zu danken: Schon jetzt sind wir ja durch unseren Herrn Jesus Christus mit Gott versöhnt.

In diesem Abschnitt und dem Rest von Römer 5 beschreibt Paulus mehrere Wege, wie der Tod Jesu am Kreuz uns rettet. Der Hebräerbrief zeigt einen weiteren auf, der Rest der Briefe noch einen und die Evangelien noch einen anderen. Es gibt eine Vielzahl von Theorien zur Sühne, von denen wir uns zwei bereits etwas genauer angeschaut haben. Zum einen die Stellvertretertheorie, in der Jesus als derjenige gesehen wird, der an unserer Stelle die Strafe auf sich genommen hat, die eigentlich die Menschen für ihre Sünden verdient hätten. Und dann haben wir die Theorie des moralischen Einflusses der Sühne angeschaut, nach der das Leiden und der Tod Jesu deutlich machen, wie tiefgreifend die Sünde der Menschen und wie tief die Liebe Gottes ist – mit dem Zweck, dass wir Menschen dadurch zur Reue und Buße bewegt werden und den tiefen Wunsch bekommen, Gott nachzufolgen. Als nächstes werden wir uns mit der Sühneopfer-Theorie beschäftigen.

Schon in 1. Mose 4 sehen wir, wie Menschen Gott Opfer bringen. Es werden Gott Getreide-, Tier-, Wein-, Öl- und Geldopfer
dargebracht als Ausdruck der Dankbarkeit, Hingabe, Liebe und
Anbetung der Menschen. Indem sie diese Opfer bringen, stellen
die Gläubigen eine Verbindung zu Gott her.

Wenn LaVon und ich unseren Zehnten geben, dann tun
wir das nicht einfach nur zur Finanzierung unserer Gemeinde,
oder um die Gunst Gottes zu erlangen. Auch wenn unser Opfer
ein Ausdruck unserer Dankbarkeit Gott gegenüber ist, so ist es
doch viel mehr als das. Wir geben unseren Zehnten als Ausdruck unseres Wunsches, ganz und gar zu Gott zu gehören, ihn
zu ehren und zu lieben, und ihn in unserem Leben an die erste
Stelle zu setzen. Unseren Zehnten zu geben und zu spenden,
ist für uns ein Akt der Anbetung. In unserem ganz normalen
Leben machen wir ja auch oft Geschenke, um unsere Wert-
schätzung und Liebe füreinander zum Ausdruck zu bringen.

Opfergaben sind aber auch Teil des Prozesses, durch den
man Kummer und Reue zum Ausdruck bringt. Wenn wir
andere verletzen, sind wir innerlich so lange von ihnen getrennt
und entfremdet, bis wir unsere Verfehlung eingestehen, um
Verzeihung bitten und Wiedergutmachung leisten. Wenn Sie
Streit mit Ihrem Mann haben, und Ihnen wird irgendwann
klar, dass Sie im Unrecht sind, was machen Sie dann? Vielleicht
legen Sie ihm einen Zettel hin und überlegen, was Sie ihm Gutes
tun können als Zeichen Ihrer Reue und Ihres Wunsches, die
Beziehung wieder in Ordnung zu bringen. Vielleicht schenken
Sie Ihrer Frau einen Blumenstrauß und sagen ihr, dass es Ihnen
leid tut. Auf jeden Fall sühnen Sie durch solche Maßnahmen
für Ihre Sünden, Sie bereuen. Es ist nicht so, dass Ihnen ohne
eine solche Geste nicht vergeben werden kann, ja es ist sogar
so, dass wir regelmäßig Vergebung erfahren, auch ohne dass
wir der Person, der wir Unrecht getan haben, etwas schenken.
Aber es gibt doch Momente, in denen ein solches Zeichen als
Ausdruck des Bedauerns etwas verändert.

Genau so besteht auch in unserer Beziehung zu Gott die Notwendigkeit, unsere Sünde einzugestehen, sie zu bereuen und für Wiedergutmachung zu sorgen. Im Alten Testament gab Gott den Menschen eine Möglichkeit, Wiedergutmachung zu leisten, damit die Beziehung zu ihm wiederhergestellt werden konnte, und zwar indem sie Sündenopfer oder Schuldopfer darbrachten. Wenn man den Willen Gottes verletzt hatte, dann brachte man dem Herrn ein bestimmtes Opfer, um damit zu sagen: »Das, was ich getan habe, tut mir leid, Gott. Bitte nimm dieses Opfer als Ausdruck meiner Reue und Buße an. Vergib mir und reinige mich.« Mit einem solchen Opfer konnten sich Menschen von der Schuld befreit fühlen, und ihre Beziehung zu Gott war wiederhergestellt; es handelte sich dabei also um einen ganz normalen Teil der Anbetung und des Gottesdienstes.

Und dann gab es einmal im Jahr am Versöhnungstag – *Yom Kippur* – noch besondere Opfer. Bevor der Tempel erbaut wurde, versammelten sich die Menschen in einem Zelt. In diesem Zelt gab es den Thronsaal Gottes, das Allerheiligste, das durch einen Vorhang abgetrennt war, und in dem sich die Bundeslade befand, der Thron Gottes. Einmal im Jahr musste der Hohepriester für seine eigenen Sünden und für die seiner Familie einen Stier opfern. Er musste ein rituelles Bad nehmen, und dann ging er – und nur er – hinter den Vorhang. Er opferte einen Ziegenbock als Opfer vor Gott für das ganze Volk und sagte: »Gott, mit dem Blut dieser Ziege bringe ich dir ein Opfer dar, ein lebendiges Geschöpf, das stirbt, damit du diesen Menschen vergibst. Ich komme an ihrer Stelle und bitte dich, ihnen ihre Sünden zu vergeben und ihrer Sünden nicht mehr zu gedenken.« Es war ein machtvolles Schauspiel, das die Ernsthaftigkeit der Sünde und Gottes Bereitschaft zu vergeben deutlich machte. Dieses Opfer, zusammen mit einer Unmenge von Schuldopfern, sollte nicht den Zorn Gottes abwenden, sondern die Buße der Menschen zum Ausdruck bringen und ihren Wunsch, mit Gott versöhnt zu werden.

Wenn der Ziegenbock für die Sünden der Menschen geopfert worden war, nahm der Priester einen zweiten Ziegenbock, den sogenannten Sündenbock, auf den er symbolisch die Sünden des Volkes legte, bevor er ihn dann in die Wüste jagte. Die Menschen verstanden, dass genau so, wie die Ziege weglief und nie wieder auftauchte, auch ihre Sünden ein für allemal weg waren.

In der Sühneopfertheorie wird die Kreuzigung aus der Sicht des alttestamentlichen Opfersystems betrachtet. In seinem Tod handelt Jesus als Hohepriester, der die gesamte Menschheit vertritt. In allen Evangelien bezeichnet sich Jesus immer wieder als der »Menschensohn«, das ist ein Titel, der auf seine Rolle als »Stellvertreter der Menschen« verweist. Er ist Mensch gewordener Gott, der uns Gott offenbart; aber er ist auch ganz Mensch und repräsentiert ein Menschsein, das zeigt, wie wir als Menschen sein sollen. In dieser Funktion wird er unser Priester und Fürsprecher bei Gott. Er bringt Gott ein Opfer dar, um die Sünden der Menschheit zu sühnen und uns mit dem Vater zu versöhnen. Er opfert nicht einen Ziegenbock oder einen Stier, sondern sich selbst als Menschensohn und unser Hohepriester. Sinngemäß sagt er: »Vater, für diese Geschöpfe, die so klein sind, so gebrochen, die sich so leicht dazu verlocken lassen, anderen weh zu tun, für diese Männer und Frauen, die sich gegenseitig Böses antun und dir den Rücken kehren – für die biete ich mich selbst als Opfer dar, um ihre Sünden zu sühnen.«

In der Bibel ist davon die Rede, dass Jesus, der Sohn Gottes, zur Rechten des Vaters sitzt. Ich überlasse es anderen, das Wesen der Dreieinigkeit zu erklären, aber ich möchte an dieser Stelle feststellen, dass Jesus Christus für immer beim Vater ist. In der Gegenwart des Vaters ist dieses Selbstopfer niemals vergessen. Seine Wunden sind eine ewige Erinnerung an den Preis, den er zu zahlen bereit war, um die Beziehung zwischen Gott und den Menschen wiederherzustellen. Sein großmütiger Akt – sein Leiden und sein Tod um der gesamten Menschheit willen – dienen als Sühneopfer für alle Menschen; und der Vater lässt aufgrund der Liebe und des Selbstopfers des Sohnes Gnade und Barmherzigkeit walten gegenüber allen, die den Sohn als ihren Hohepriester und Erlöser anerkennen. Gott der Vater schenkt uns nicht wegen irgendwelcher Leistungen oder Verdienste Vergebung und Gnade, sondern weil sein geliebter Sohn um der Menschen willen gelitten hat und gestorben ist.

Noch einmal – nach diesem Verständnis von Sühne stellen das Leiden und der Tod Jesu am Kreuz das sich selbst verschenkende Opfer Jesu dar, ein Opfer, das er für uns erbracht hat. Er bringt sich Gott um unseretwillen ganz und gar selbst als Opfer dar, um die Gnade Gottes für uns zu erlangen. Jesus ist für immer beim Vater, und deshalb tritt er auch unablässig beim Vater für uns ein. Er ist ein immerwährendes Opfer für die Menschheit, und es ist ein Opfer, das der Vater niemals ablehnen oder ignorieren kann.

Als wir vor Jahren im Urlaub waren, gab meine Tochter ihr gesamtes Ferien-Taschengeld für ein Geburtstagsgeschenk – eine Baseballmütze – für mich aus. Sie war unglaublich aufgeregt deshalb, und als sie mir das Geschenk überreichte und mir klar wurde, dass sie ihr gesamtes Geld dafür ausgegeben hatte, war ich zu Tränen gerührt. Die Mütze war ein Ausdruck ihrer Liebe, hinter dem ein echtes Opfer steckte. Inzwischen ist meine Tochter erwachsen; aber ich hege die schmutzige, fleckige und abgetragene Mütze immer noch wie einen Schatz. Immer wenn ich sie sehe, muss ich lächeln und daran denken, wie lieb mich meine Tochter hat. Und dabei handelt es sich nur um eine Mütze.

In dem Opfer, das Jesus dem Vater bringt, gibt er sich selbst hin, um dadurch Vergebung und Gottes Gnade für uns zu erlangen. Seine durchbohrten Hände sind für den Vater eine ewige Erinnerung an das Opfer, das Jesus für uns gebracht hat. Durch sein Opfer hat er Gottes Gunst erlangt.

Mit dieser Sicht von Sühne haben wir jetzt drei unterschiedliche Möglichkeiten betrachtet, wie man das Leiden und den

Tod Jesu so verstehen kann, dass es der Menschheit Erlösung bringt. Im letzten Kapitel dieses Buches, in dem wir uns auf die Auferstehung konzentrieren, werden wir noch eine zusätzliche Theorie zur Sühne etwas genauer betrachten. Die Tatsache, dass der Sinn des Leidens und Todes Jesu verschiedene Auslegungen zulässt und dass sogar die Verfasser des Neuen Testamentes ihn anscheinend unterschiedlich verstehen, sind ein Zeichen dafür, dass Gott es genau so gewollt hat. Die Verfasser der Evangelien sind eindeutig der Auffassung, dass das Leiden und der Tod Jesu von zentraler Bedeutung sind für das Erlösungswerk in ihm, aber sie unternehmen nicht den Versuch, ganz genau auszuführen, wie das Leiden Jesu die Erlösung der Menschheit bewirkt.

In vielerlei Hinsicht scheinen das Leiden und der Tod Jesu von Gott dazu gedacht, wie ein Kunstwerk zu wirken – indem es unterschiedliche Menschen in unterschiedlichen Phasen ihres Lebens auf ganz unterschiedliche Weise anspricht. In meinem eigenen Leben ist es jedenfalls so. In Augenblicken, in denen ich mich besonders schäme für etwas, das ich getan habe, denke ich daran, dass Jesus an meiner Stelle die Strafe dafür auf sich genommen hat, und das tröstet mich. Manchmal sehe ich in Jesu Leiden und Tod auch die Zerbrochenheit meines eigenen Lebens, und ich staune über die Liebe Gottes zu mir, die nicht bereit ist, mich aufzugeben. Das Kreuz Christi gibt mir manchmal ein Zeichen, mich anderen und auch der Arbeit im Reich Gottes ganz und gar und selbstlos hinzugeben. Und dann wieder stelle ich mir vor, wie Jesus sich um meinetwillen Gott als Opfer dargebracht hat, und dann bin ich dankbar und voller Liebe.

Wie auch immer man den Tod Jesu versteht, die Tatsache seiner Sühnewirkung, durch die unsere Beziehung zu Gott wiederhergestellt wird, ist an einem kleinen Detail in den Berichten über die Kreuzigung von Matthäus, Markus und Lukas zu erkennen. Markus schreibt: »Aber Jesus schrie laut auf und starb. Im selben Augenblick zerriss im Tempel der Vorhang vor dem Allerheiligsten von oben bis unten« (Markus 15,37–38). Dieser Vorhang ist der Vorhang, der das Allerheiligste – den Thronsaal Gottes – vom Rest des Tempels abtrennt. Es ist der Vorhang, hinter den nur der Hohepriester treten darf, und das auch nur ein Mal im Jahr, um die Sünden des Volkes zu sühnen. Indem die Verfasser der Evangelien schreiben, dass der Vorhang im Tempel zerreißt, als Jesus stirbt, verweisen sie auf den Gedanken, dass Jesus als unser Hohepriester für unsere Sünden gesühnt hat. Er zerreißt den Vorhang, der die Menschen von Gott trennt. Durch seinen Tod sühnt er für unsere Sünde und versöhnt uns mit Gott.

Die letzten Worte Jesu

Bevor wir die Betrachtung der Kreuzigung Jesu abschließen, soll unsere besondere Aufmerksamkeit noch einmal den letzten Worten Jesu gelten. Letzte Worte von Menschen haben immer ein besonderes Gewicht. Ich habe schon häufig Menschen in ihren letzten Lebensstunden begleitet, und ich habe nicht selten erlebt, wie sie mit letzter Kraft ihre Lippen bewegten, um ein letztes »Ich liebe dich« zu sagen oder mit mir zusammen ein letztes Vaterunser zu beten. Alle Evangelien berichten von einem oder zwei Sätzen, die Jesus am Kreuz sagt. Da er dort aber sechs Stunden hängt, hat er in dieser Zeit wahrscheinlich noch mehr gesagt, doch diese überlieferten Worte sind das, was den Menschen dort am Kreuz in Erinnerung geblieben ist. Die Worte haben eine ganz besondere Bedeutung, und eigentlich verdient jede dieser Aussagen ein eigenes Kapitel, aber wir werden jede dieser letzten Äußerungen Jesu nur kurz betrachten und sehen, was sie uns über ihn zu sagen haben. Ich werde sie in der Reihenfolge betrachten, in der sie nach meiner Vorstellung gesagt worden sind.

»Sie ist jetzt deine Mutter« (Johannes 19,27)

Johannes berichtet, dass Jesus vom Kreuz herunterschaut und sieht, dass seine Mutter ganz in der Nähe steht. Ich stelle mir vor, dass sie während der gesamten sechsstündigen Tortur geweint hat. Soweit wir wissen, ist nur einer der zwölf Apostel dort am Kreuz anwesend, und zwar »der Jünger, den Jesus lieb hatte«, so wird in der Regel Johannes genannt. Während Jesus nackt und unter Schmerzen am Kreuz leidet, denkt er nicht an sich selbst, sondern an seine Mutter, die so nah bei ihm steht, dass er ihr in die Augen sehen kann. Er ist besorgt um ihr Wohl nach seinem Tod. Es ist eine wunderschöne Szene, in der sowohl deutlich wird, wie menschlich Jesus ist, als auch wie tief seine Liebe zu seiner Mutter ist und zu dem Jünger, dessen Fürsorge er sie anvertraut.

»Vater, vergib ihnen, denn sie wissen nicht, was sie tun!«

Das sind die verblüffendsten und majestätischsten Worte, die jemals ein Sterbender gesagt hat. Sie klingen noch einmal nach in der Apostelgeschichte, als Stephanus als Märtyrer für seinen Glauben stirbt (Apostelgeschichte 7,60). Jesus schaut vom Kreuz hinab auf die Soldaten, die um seine Kleider würfeln, auf die Priester, die mit Abscheu auf ihn zeigen, auf die Menschenmenge, die ihm Beleidigungen zuruft, und auf die Diebe zu seiner Rechten und zu seiner Linken, die ihn verspotten. In diesem Augenblick kann man das Böse, das im Menschen wohnt, auf dem Höhepunkt sehen. Weil Jesus ja Gott ist, könnte er jetzt Engelheere herbeirufen und an all denen, die ihn quälen, Vergeltung üben, aber stattdessen richtet er sich mit letzter Kraft auf und betet für diejenigen, die ihn gekreuzigt haben und verspotten. »Vater vergib ihnen«, betet er, »denn sie wissen nicht, was sie tun.« Was ihn in diesem Augenblick innerlich bewegt, ist die Tatsache, dass wir blinde, törichte, bedauernswerte Geschöpfe sind; und er fleht Gott am Kreuz um Gnade für uns an.

Wie ist das möglich? An dieser Stelle sehen wir noch einmal die Klarheit Jesu in Bezug auf seinen Auftrag. Sein Tod hat einen Zweck. Sogar als seine Feinde ihn verspotten und die qualvollste Todesart für ihn auswählen, bittet Jesus für uns um Vergebung. Das ist Jesus, unser Hohepriester, der bei Gott für uns eintritt. Er will, dass sogar denen vergeben wird, die ihn foltern. Stellen Sie sich einmal vor, wie seine Worte auf die Menschenmenge am Kreuz wirken. Glauben Sie, dass die Menschen wenigstens einen Moment lang beschämt schweigen? Wahrscheinlich vergessen viele von ihnen den Augenblick, in dem Jesus diese Worte sagte, nie mehr.

»Ich versichere dir: Noch heute wirst du mit mir im Paradies sein« (Lukas 23,43)

Zwei Diebe, die ebenfalls von den Römern gekreuzigt worden sind, hängen an Kreuzen jeweils rechts und links von Jesus. Sie sterben ebenfalls einen grausigen Tod, aber einer von ihnen verspottet gemeinsam mit der Menge unter den Kreuzen den Mann, der zwischen ihnen stirbt. Als Jesus dann aber genau für die Menschen betet, die ihn gekreuzigt haben und ihn verspotten, hört einer der beiden Diebe zu und ist gleichermaßen erstaunt und beschämt. Irgendwie sind plötzlich die Scheuklappen weg, und er kann sehen, dass dieser Mann neben ihm kein gewöhnlicher Krimineller ist. Er begreift, wer Jesus ist, erkennt dessen Wesen. Als der andere Dieb fortfährt, Jesus zu beleidigen, sagt der erste sinngemäß: »Hör auf damit. Kapierst du es nicht? Im Unterschied zu dem Mann hier zwischen uns haben wir den Tod verdient. Er ist unschuldig« (nach Lukas 23,40–41). Und dann wendet er sich zu Jesus und sagt: »Denk an mich, wenn du in dein Königreich kommst!« (Lukas 23,42); und Jesus richtet sich ein weiteres Mal auf und sagt: »Noch heute wirst

du mit mir im Paradies sein« (Lukas 23,43). Ich liebe diese
Szene. Jesus, der am Kreuz hängt, versucht immer noch, verlorene Menschen zu retten. Dieser Mann neben ihm hat keine
Ahnung von Theologie. Er kennt die Schrift nicht, hat noch nie
ein Glaubensbekenntnis gesprochen und gehört weder zu einer
Gemeinde, noch ist er getauft. Er hat keine Chance gehabt,
etwas Rechtschaffenes zu tun oder ein anständiges Leben zu
führen. Er hängt am Kreuz für die Verbrechen, die er begangen hat, als er auf einer ganz simplen Ebene eine Vorstellung
vom Reich Gottes bekommt und die Bitte äußert, dazugehören
zu dürfen – und das genügt. Sinngemäß sagte er: »Jetzt, wo ich
sehe, wer du bist, möchte ich dir nachfolgen.« Mehr ist nicht
nötig für den Dieb und auch für uns als Anfang. Wir können
den Herrn ansehen und sagen: »Jesus, denk an mich, wenn du
in dein Königreich kommst. Ich möchte dir folgen. Hilf mir
dabei.«

Die Gegner Jesu nennen ihn »Freund der Zöllner und
Sünder« (Matthäus 11,19; Lukas 7,34, *Lutherbibel*). Er sagt seinen
Freunden nur eine Woche vor seinem Tod: »Der Menschensohn ist gekommen, um Verlorene zu suchen und zu retten«
(Lukas 19,10). Er verbringt einen großen Teil seines öffentlichen Lebens mit den Ausgestoßenen, den Zöllnern (Steuer-
eintreibern) und Prostituierten. Er stirbt am Kreuz zwischen
zwei Dieben. Einer dieser Diebe ist immer noch von der Sünde
geblendet, obwohl er direkt neben dem Sohn Gottes am Kreuz
hängt. Aber der andere sieht in dem Mann, der dort neben
ihm am Kreuz hängt, einen Schimmer der Herrlichkeit und
Liebe Gottes und schließt sich Jesus an. Die Worte, die Jesus zu
diesem Mann sagt, sprechen Bände über das Wesen der Barmherzigkeit Gottes und über seine Erlösung.

»Mein Gott, mein Gott, warum hast du mich verlassen?«
(Matthäus 27,46: Markus 15,34; vgl. Psalm 22,2)

Endlos lange Stunden hängt Jesus unter Qualen am Kreuz, und während dieser Zeit schweigt Gott, sein Vater. Als Jesus diese Worte sagt, drücken sie nicht Hoffnung, sondern Niederlage aus. Sowohl Matthäus als auch Markus berichten, dass Jesus diese Worte sagt, und wir erfahren, dass einige derer, die dort am Kreuz stehen, irritiert sind darüber, während andere sie eindeutig als die Worte eines Mannes auslegten, der absolut verzweifelt ist.

Jesus schreit laut auf: »Mein Gott, mein Gott, warum hast du mich verlassen?«

Für manchen sind das beunruhigende Worte. Fühlt sich Jesus in dem Augenblick wirklich von Gott verlassen? Würde Gott denn tatsächlich seinen Sohn verlassen?

Manche Ausleger erklären diese Worte Jesu damit, dass Gott in diesem Moment die Sünden der ganzen Welt auf ihn legt und sich dann abwenden muss, weil er als Gott heilig ist und die Sünde nicht anschauen kann. Das ist meiner Überzeugung nach eine völlig unangemessene Erklärung, denn sie nimmt die Sicht von Jesus, wie er am Kreuz die Sünden der gesamten Menschheit trägt, zu wörtlich. Was genau legt Gott denn auf Jesus? Wie sieht das konkret aus? Und was noch wichtiger ist – ist es wirklich möglich, dass der Vater in dem Augenblick des größten Erlösungsaktes durch Jesus von seinem Sohn wegschaut? Das scheint undenkbar. Ich halte es für wahrscheinlicher, dass Gott in diesen Stunden am Kreuz seinen Blick keinen Moment lang von Jesus abgewandt hat. Gott, der Vater, leidet mit seinem Sohn.

Wenn Jesus aber diesen »Verlassenheitsschrei« nicht ausstößt, weil sich sein Vater von ihm abwendet, was ist dann der Grund dafür?

In diesem Aufschrei und diesen Worten Jesu wird sein Menschsein offenbar. Er erlebt dort am Kreuz etwas, das die

meisten Menschen irgendwann in abgeschwächter Form erleben, nämlich einen Moment, in dem das Schweigen Gottes so
ohrenbetäubend ist, dass wir uns absolut von ihm verlassen
fühlen. Schmerz und Zweifel schleichen sich ein und blockieren
jedes Gefühl der Gegenwart Gottes. Wir können nicht erkennen, wie Gott diese Situation noch zum Guten wenden will. Er
scheint so weit weg, und unsere Gebete bleiben offenbar an der
Zimmerdecke hängen. Die Freude an der Gegenwart Gottes ist
weg. Ich bin so dankbar dafür, dass Jesus weiß, was es heißt
zu beten: »Ist's möglich, so gehe dieser Kelch an mir vorüber«
(Matthäus 26,39, *Lutherbibel*); aber noch viel dankbarer bin ich
dafür, dass er an den Punkt gelangt, an dem er schreien muss:
»Mein Gott, mein Gott, warum hast du mich verlassen?« Er
weiß, was Sie und ich empfinden, wenn wir verzweifelt sind;
denn er hat selbst solche Verzweiflung erlebt. Die Tatsache,
dass sogar Jesus eine solche Verzweiflung kennt, tröstet uns,
wenn wir selbst Schweres, Leidvolles durchmachen. Und wir
schöpfen Hoffnung daraus, wenn wir daran denken, dass Jesus
letztlich Errettung erlebt, und dass er nicht verlassen ist, auch
wenn es sich so anfühlt.

Es ist an dieser Stelle wichtig festzustellen, dass die Worte,
die Jesus laut schreit, aus Psalm 22 (Vers 2) stammen. Das
erinnert auch noch einmal daran, wie wichtig die Psalmen im
Gebetsleben Jesu sind; und es ist ein Hinweis darauf, dass auch
der Psalmist sich von Gott verlassen gefühlt hat. Es lohnt sich,
einmal den ganzen Psalm 22 zu lesen, und ich möchte Sie an
dieser Stelle sehr dazu ermutigen, es zu tun. Immer wieder spiegelt dieser Psalm das wider, was Jesus bei seiner Kreuzigung
erlebt. Wahrscheinlich soll sogar der Umstand, dass Jesus hier
Psalmworte schreit, die Jünger dazu anregen, ihn zu lesen. Es ist
unschwer zu erkennen, warum ausgerechnet dieser Psalm Jesus
in den Sinn kommt, aber es lohnt sich auch festzustellen, dass
der Psalm mit Triumph und Hoffnung endet. In Vers 25 steht:

> *Denn er hat nicht verachtet noch verschmäht*
> *das Elend des Armen*
> *und sein Antlitz vor ihm nicht verborgen;*
> *und als er zu ihm schrie, hörte er's.*

Und der Psalm geht weiter:

> *Ihn allein werden anbeten alle, die in der Erde schlafen;*
> *vor ihm werden die Knie beugen alle,*
> *die zum Staube hinabfuhren*
> *und ihr Leben nicht konnten erhalten.*
> *Er wird Nachkommen haben, die ihm dienen;*
> *vom Herrn wird man verkündigen Kind und Kindeskind.*
> *Sie werden kommen*
> *und seine Gerechtigkeit predigen dem Volk,*
> *das geboren wird. Denn er hat's getan.*
>
> (Psalm 22,29–32, *Lutherbibel*)

Genau wie der Psalmist bringt Jesus echte Verzweiflung und das Gefühl absoluter Verlassenheit zum Ausdruck; aber dieses Zitat aus Psalm 22 weist auch auf denselben Glauben hin, wie ihn der Psalmist hat. Obwohl er sich von Gott verlassen fühlt, vertraut er dennoch darauf, dass Gott ihn letztlich retten wird.

»Ich habe Durst« *(Johannes 19,28)*

Scheinbar endlos ziehen sich die Stunden hin, und die Schmerzen und Qualen fordern ihren Tribut. Durch den Blutverlust, und weil er stark schwitzt, trocknet Jesus immer mehr aus. Er hat seit dem Letzten Abendmahl mit den Jüngern weder etwas gegessen noch getrunken. Langsam erlischt das Leben. Sein Mund ist völlig ausgedörrt, und Johannes berichtet, dass Jesus sagt: »Ich habe Durst.«

Im Johannesevangelium hat jede Aussage eine Bedeutung auf zwei Ebenen; und erwartungsgemäß haben die Worte Jesu hier auch sowohl eine direkte als auch eine tiefere, symbolische Bedeutung. Jesus ist ein Mensch, völlig ausgetrocknet, mit quälendem Durst. Aber wir sollen dabei auch an einen anderen Moment denken, in dem Jesus Durst gehabt hat. In Johannes 4, als Jesus durch Samarien kommt, macht er an einem Brunnen halt, wo er eine einheimische Frau trifft. »Gib mir etwas zu trinken«, sagt er zu ihr (Johannes 4,7). Sie antwortet: »Du bist doch ein Jude! Wieso bittest du mich um Wasser? Schließlich bin ich eine Samariterin!« (Juden haben nichts mit Samaritern zu schaffen.) Jesus antwortet ihr: »Wenn du wüsstest, was Gott dir geben will und wer dich hier um Wasser bittet, würdest du mich um das Wasser bitten, das du wirklich zum Leben brauchst. Und ich würde es dir geben … Wer aber von dem Wasser trinkt, das ich ihm gebe, der wird nie wieder Durst bekommen. Dieses Wasser wird in ihm zu einer Quelle, die bis ins ewige Leben hinein fließt« (Johannes 4,9–10.14). Jesu Worte »Ich habe Durst« sollen den Leser schmerzlich treffen. Die Quelle lebendigen Wassers, die unseren Durst so löscht, dass wir nie wieder Durst bekommen, ist jetzt selbst durstig. Die ewige Quelle trocknet aus, und das Leben erlischt langsam.

Johannes berichtet genau wie die anderen Evangelisten, dass jemand, der in der Nähe des Kreuzes steht, Jesus sauren Wein zu trinken anbietet; aber nur Johannes berichtet, dass diese Person einen Schwamm in Wein taucht, diesen auf einen Ysopzweig steckt und ihn Jesus an die Lippen hält. Und wieder stellen wir fest, dass Johannes ein kleines Detail nutzt, um auf eine tiefere Bedeutung hinzuweisen.

Vor dem Auszug des Volkes Israels aus Ägypten befiehlt Gott den Israeliten, mit Ysopzweigen das Blut des Passahlammes auf die Türpfosten und -schwellen der Häuser zu streichen, damit nur die erstgeborenen Söhne der Ägypter getötet werden (2. Mose 12,22).

Man benutzt damals auch mit Garn umwickelte Ysopzweige, um Leprakranke mit Blut und Wasser zu besprenkeln (3. Mose 14), und rituell unreine Menschen (4. Mose 19), damit

sie rein werden. Als David in Psalm 51 ein Beichtgebet betet, ruft
er zu Gott: »Entsündige mich mit Ysop, dass ich rein werde«
(Vers 9, *Lutherbibel*), und der Verfasser des Hebräerbriefes
schreibt, dass Gott, nachdem er seinem Volk die Gebote gegeben hat, »das Blut von Kälbern und Böcken [nahm], ... es mit
Wasser [vermengte] und ... mit Hilfe von Ysopzweigen und
roter Wolle das Gesetzbuch und das ganze Volk [besprengte].
Dann sagte er: ›Dieses Blut besiegelt den Bund, den Gott mit
euch geschlossen hat.‹«

Ebenso besprengt Mose das heilige Zelt und alle Gefäße und
Werkzeuge für den Opferdienst (Hebräer 9,19–20).

Obwohl bei Johannes die Worte Jesu beim Letzten Abendmahl: »Das ist mein Blut, mit dem der neue Bund zwischen
Gott und den Menschen besiegelt wird« (Matthäus 26,28) nicht
vorkommen, möchte er, dass der Leser sich an diesen Gedanken erinnert. Dass er versteht, wenn er das Detail des Ysopzwei-
ges einbezieht, auf den der Schwamm mit Wein gesteckt ist, mit
dem Jesus seinen Durst löschen kann.

»Vater, in deine Hände gebe ich meinen Geist!« (Lukas 23,46)

Genau wie Psalm 22 enden fast alle Klagepsalmen – die Psalmen, die beklagen, dass Gott fern ist – mit einer Bestätigung des
Glaubens. Schon allein der Akt des Klagens ist ja letztlich eine
Bestätigung des Glaubens. Wenn in unserem Leben anscheinend die Dunkelheit überwiegt, dann erfordert es schon Glauben, sich mit einer Klage überhaupt an Gott zu wenden! Die
letzten Worte Jesu am Kreuz, die im Lukasevangelium aufge-
zeichnet sind, spiegeln Jesu absolutes Vertrauen in Gott wider:
»Vater, in deine Hände gebe ich meinen Geist.« Es ist auch ein
Vorbildgebet für uns alle, wenn wir Angst haben, wenn wir
krank sind, wenn wir den eigenen Tod vor Augen haben. Dieses
Gebet sagt: »Ich vertraue mich dir ganz und gar an, oh Gott, im
Leben wie im Sterben, in guten wie in schlechten Zeiten, was

auch immer ich bin und habe, lege ich in deine Hände, oh Gott, zur sicheren Verwahrung.«

»Es ist vollbracht!« (Johannes 19,30)

Und dann sagt Jesus endlich die Worte, die kein Verlassenheits-, sondern ein Siegesschrei sind: »Es ist vollbracht.« In diesen Worten liegt Gewissheit. Das, wozu Jesus auf die Welt gekommen ist, ist jetzt vollendet. Ein Plan ist erfüllt. Eine Erlösung ist möglich geworden. Eine Liebe gezeigt. Er hat unsere Stelle eingenommen. Er hat sowohl die Zerbrochenheit der Menschheit als auch die Liebe Gottes demonstriert. Er hat sich um der gesamten Menschheit willen Gott ganz und gar als Opfer dargebracht. Als er stirbt, ist es vollbracht. Mit diesen Worten tut der beste Mensch, der jemals auf der Erde gelebt hatte, Mensch gewordener Gott, seinen letzten Atemzug.

Sich selbst in dieser Geschichte sehen

Bevor wir jetzt den Schauplatz der Kreuzigung verlassen, möchte ich Sie einladen, noch einmal an die Soldaten am Fuße des Kreuzes zu denken. Lukas und Johannes berichten, dass einige von ihnen um die Kleider von Jesus würfeln. Die Soldaten sehen Jesus sterben, begreifen aber nicht, was da am Kreuz eigentlich geschieht. Sie nehmen sich das, was sie in ihrer begrenzten Sichtweise als wertvoll erachteten – seine Kleider –, und haben keine Ahnung von dem unendlichen Wert des ewigen Lebens, das Jesus in diesem Moment zu bieten hat. Doch Markus berichtet, dass ein Soldat »ihm gegenüber« steht, die letzten Worte Jesu hört und sieht, wie er seinen letzten Atemzug tut. Dieser Soldat, der alles mit angesehen hat, was sich in den vergangenen sechs Stunden bei der Kreuzigung ereignet hat, sagt: »Wahrlich, dieser Mensch ist Gottes Sohn gewesen!« (Markus 15,39, *Lutherbibel*).

Ich möchte Sie einladen, einmal zu überlegen, wer Sie selbst in dieser Geschichte sein könnten. Sind Sie wie die Soldaten, die um Jesu Kleidung würfeln, die dabei die Kraft, das Mysterium und das Wunder des Kreuzes verpassen und sich nur für ein paar abgetragene Kleidungsstücke interessieren? Werden Sie dieses Buch zu Ende lesen und sich dann wieder überwiegend mit den Dingen dieser Welt beschäftigen – Kleidung, Autos, Urlaub, Status? Oder werden Sie so sein wie dieser Soldat, der, nachdem er all die Ereignisse, die sich in den letzten Lebensstunden Jesu zugetragen haben, miterlebt hat, sagt: »Wahrlich, dieser Mensch ist Gottes Sohn gewesen!«?

7. Christus der Sieger

Nachdem der Sabbat vorüber war, kauften Maria aus Magdala, Salome und Maria, die Mutter von Jakobus, wohlriechende Öle, um den Toten zu salben. Früh am ersten Wochentag, gerade als die Sonne aufging, kamen die Frauen zum Grab. Schon unterwegs hatten sie sich besorgt gefragt: »Wer wird uns nur den schweren Stein vor der Grabkammer zur Seite rollen?« Umso erstaunter waren sie, als sie merkten, dass der Stein nicht mehr vor dem Grab lag. Sie betraten die Grabkammer, und da sahen sie auf der rechten Seite einen jungen Mann sitzen, der ein langes weißes Gewand trug. Die Frauen erschraken sehr. Aber der Mann sagte zu ihnen: »Habt keine Angst! Ihr sucht Jesus von Nazareth, den Gekreuzigten. Er ist nicht mehr hier. Er ist auferstanden. Seht her, an dieser Stelle hat er gelegen.«

(Markus 16,1–6)

Freitag

18.00 Uhr
Ein leeres Grab in der Nähe von Jerusalem

Der erste Tag

MIT DEM TOD JESU AUF Golgatha werden wir inmitten des Missklangs von Soldaten, Kriminellen, Gaffern und Passanten Zeugen von etwas, das wie ein endgültiger Triumph des Bösen aussieht. Alle Hässlichkeit und Gewalt, die wir uns vorstellen können, wird in den Ereignissen verkörpert, deren Höhepunkt die sechs Stunden sind, in denen der Mensch gewordene Gott an einem Kreuz auf einem Hügel außerhalb von Jerusalem hängt.

Wir können Ostern gar nicht richtig schätzen, wenn wir nicht am Kreuz gewesen sind. Die Kraft dieses Tages liegt außerhalb unseres Fassungsvermögens, und wir können sie erst begreifen, wenn wir selbst einmal durch die Hölle gegangen und ganz und gar in die Finsternis eingetaucht sind. Erst wenn wir dort einmal das volle Ausmaß des Bösen erlebt haben, und wenn wir Zeugen des scheinbaren Sieges des Todes dort geworden sind, können wir überhaupt den Triumph von Ostern erfassen und dankbar dafür sein.

Jesus stirbt etwa um 15.00 Uhr am Freitagnachmittag. Der jüdische Sabbat beginnt dann mit Sonnenuntergang, also drei Stunden später (jüdische Tage beginnen und enden mit dem Sonnenuntergang); und dieser Sabbat, der Passah-Sabbat, ist besonders wichtig. Die jüdischen Oberen wollen nicht, dass die Gekreuzigten am Sabbat noch am Kreuz hängen, also bitten sie Pilatus, deren Tod zu beschleunigen, indem ihnen die Beine gebrochen werden. Das tun die Soldaten auch bei den Dieben. Aber als sie zu Jesus kommen, stellten sie fest, dass er bereits tot ist.

Etwa zwei Stunden vor Sonnenuntergang werden Jesus und die beiden Diebe von den Kreuzen abgenommen. Weil nach den jüdischen Gesetzen am Sabbat keine Beisetzungen stattfinden dürfen, bleibt nur ein kleines Zeitfenster, in dem alles arrangiert und der Leichnam Jesu für das Begräbnis hergerichtet werden muss. Seine Jünger sind in alle Himmelsrichtungen verstreut; aber in den vier Evangelien wird berichtet, dass einer seiner Anhänger, Joseph von Arimathäa, so mutig ist, Pilatus darum zu bitten, Jesus bestatten zu dürfen; und er bekommt diese Erlaubnis auch.

Markus berichtet, dass Joseph »ein geachtetes Mitglied des Hohen Rates« ist (Markus 15,43) – des Hohen Rates, von dem Jesus zum Tode verurteilt worden ist. Matthäus berichtet, dass er ein »reicher Mann« ist und ein »Jünger Jesu« (Matthäus 27,57). Lukas beschreibt ihn als »gute[n] Mann, der nach dem Willen Gottes lebte … Er hatte nicht zugestimmt, als der Hohe Rat Jesus zum Tode verurteilt hatte« (Lukas 23,50–51). Johannes schreibt: »Er glaubte insgeheim an Jesus, doch hatte er das bisher aus Angst vor den Juden verschwiegen« (Johannes 19,38). Das Gesamtbild, das die Evangelisten zeichnen, macht Schluss mit der Vorstellung, dass nur die Armen und Ungebildeten und die »Sünder« Anhänger Jesu sind und ihm nachfolgen; und es zeigt außerdem, dass nicht alle religiösen Führer der Juden Jesu Tod wollten.

Wenn von der Angst Josephs die Rede ist, sich öffentlich als »einer von Jesu Jüngern« zu »outen« (wie es im Johannesevangelium dargestellt wird), muss ich an eine Reihe gesellschaftlich hoch angesehener Menschen denken, die ich kenne. Sie haben Angst davor, was andere über sie denken könnten, wenn sie sich als Christen zu erkennen gäben, die ihren Glauben ernst nehmen. Was hätte es Joseph, ein angesehenes, reiches Mitglied der jüdischen Gesellschaft, wohl gekostet, sich als Jünger Jesu zu erkennen zu geben? Welchen Einfluss hätte es wohl auf andere gehabt, wenn er sich um den Preis gar nicht gekümmert, sondern öffentlich erklärt hätte, dass er zu Jesus gehörte und dessen

Ziele unterstützte? Inwiefern hätten die Dinge dann vielleicht auch ganz anders ausgehen können?

Inwiefern können Sie sich mit Joseph identifizieren? Sind auch Sie manchmal ein »heimlicher Christ« aus Angst davor, was andere denken könnten?

Joseph verliert anscheinend seine Angst, als Jesus stirbt, und er richtet in aller Eile den Leichnam Jesu für das Begräbnis her. Johannes berichtet, dass sich ihm dabei ein anderer geheimer Jünger namens Nikodemus anschließt (Johannes 19,39), der ebenfalls ein »Mitglied im Hohen Rat« ist (Johannes 3,1). Nikodemus bringt etwa 45 Kilo Myrrhe und Aloe mit; und die beiden Männer, die keine Zeit für die vollständigen Vorbereitungen für ein Begräbnis haben (die hätten mehrere Stunden in Anspruch genommen), waschen den Leichnam Jesu rasch und wickeln ihn in Leinentücher. In Matthäus 27,60 steht, dass Joseph Jesus in »ein in Fels gehauenes, noch nicht benutztes Grab« in einem Garten in der Nähe der Hinrichtungsstätte legt und dann einen großen Stein vor den Grabeingang rollen lässt.

Wenn wir die Berichte der Evangelien zusammennehmen, ergibt sich daraus, dass bei der Beisetzung Jesu vier Personen anwesend sind, und zwar Joseph, Nikodemus und zwei Frauen, die Jesus nachfolgten – Maria Magdalena und eine weitere Maria. Sie sind die einzigen, die es wagen, dabei zu sein. Die Apostel halten sich irgendwo hinter verschlossenen Türen auf und haben Angst, verhaftet zu werden und dann vielleicht dasselbe Schicksal zu erleiden wie ihr Herr.

Mit dem Sonnenuntergang beginnt dann der Passah-Sabbat; und während andere feiern, sind diejenigen, die Jesus gekannt und lieb gehabt haben, in einem Schockzustand und traumatisiert durch das, was sie bei der Kreuzigung miterlebt haben.

Der zweite Tag

Es gibt keine Aufzeichnungen darüber, was in dieser Freitag-
nacht und an dem folgenden Samstag nach der Kreuzigung
und der Beisetzung geschieht. Wir müssen es uns vorstellen
und einfügen, was wir darüber in den Evangelien lesen. Matthäus (27,62–66) berichtet, dass Pilatus eine Wache vor das
Grab stellt, weil Jesus nach Aussage der Pharisäer von der Auferstehung vom Tod gesprochen hat. Sie machen sich Sorgen
darüber, dass die Jünger Jesu den Leichnam holen und dann
behaupten könnten, er sei tatsächlich auferstanden. Im Lukasevangelium (23,56) steht einfach nur: »Am Sabbat ruhten sie
aus, wie es das jüdische Gesetz verlangt.« Bei Johannes (20,19)
erfahren wir, dass sich die Jünger am Sonntag hinter verschlossenen Türen in einem Haus aufhalten: aus Angst, ebenfalls
verhaftet zu werden. Und die Wahrscheinlichkeit, dass sie sich
dort bereits seit Freitagabend aufhalten, ist groß. Es gibt Speku-
lationen, dass es sich hier wieder um das Obergeschoss handelt,
in dem Jesus mit ihnen am Donnerstag das Passahfest gefeiert
hat, und wo die Jünger auch am Pfingsttag zusammenkommen,
als der Geist über sie ausgegossen wird.

Man kann wohl kaum ermessen, wie mutlos die Jünger zu
diesem Zeitpunkt sind. Dazu trägt sicherlich auch die Angst
bei, dass ihnen selbst das gleiche Schicksal widerfahren könnte
wie Jesus. Und ganz sicher spielen dabei auch Schuldgefühle
eine Rolle. Die Jünger wissen ja, dass Judas nicht der Einzige
ist, der Jesus verraten hat. Petrus wird den Gedanken daran
nicht los, wie sein Blick und der von Jesus sich im Hof des
Hohenpriesters begegnet sind, nachdem er geleugnet hat, ihn
zu kennen (Lukas 22,54–62). Der Rest der Jünger ist einfach
davongelaufen, als Jesus sie am dringendsten gebraucht hätte.
Nur Johannes ist in der Nähe des Kreuzes geblieben. Die anderen haben aus der Ferne zugeschaut, und bei Jesu Begräbnis ist
dann gar keiner von ihnen dabei. Sie fühlen sich bestimmt als
elende Feiglinge.

Aber Schuldgefühle und Angst sind nicht alles, was sie an diesem Tag innerlich mit sich herumschleppen. Sie haben ihr ganzes altes Leben aufgegeben, um Jesus nachzufolgen. Sie haben geglaubt, dass er der Messias sei, der Israel wiederherstellen würde. Sie haben geglaubt, dass Gott auf machtvolle Weise mit ihm sei und dass er »Worte des Lebens« hätte. In ihm haben sie die Güte in Person erlebt. Er hat ihnen Liebe, Barmherzigkeit und Gnade erwiesen. Und jetzt ist das Unvorstellbare geschehen: Das Böse, verübt von denen, die von sich behaupten, gerecht zu sein, hat das Gute besiegt! Die römischen Soldaten haben den Messias Gottes besiegt. Der König ist weg. Ihre Hoffnungen und Träume, ja sogar ihr Glaube, sind zusammen mit ihm gekreuzigt worden; und sie versinken in völliger Verzweiflung.

Wenn ich an die Jünger denke an diesem zweiten Tag nach dem Tod Jesu, fallen mir oft die vielen Male ein, wenn ich nach dem Tod eines jungen Menschen mit dessen Familie beisammen gesessen habe. Wie ich in einem Wartezimmer im Krankenhaus zusammen mit zwei Dutzend Teenagern darauf gewartet habe, dass die lebenserhaltenden Maßnahmen beendet und das Beatmungsgerät abgeschaltet wurde. An das Schweigen, das hin und wieder von Schluchzern unterbrochen wurde, als ich bei der Familie einer jungen Frau saß, die ermordet worden war. Ab und zu gibt es in solchen Zeiten Versuche von »Normalität«, aber nichts kann die Bedrückung durch den Tod oder das innere Gefühl der Verzweiflung heben, wenn die Last der Trauer drückt.

Dies ist der zweite Tag – der Tag *danach*. Es ist ein Tag, den auch wir sicher alle kennen. Es ist der Tag nach der tödlichen Krebsdiagnose; der Tag, nachdem der Ehepartner gegangen ist, und damit Ihr Leben, Ihre Zukunft, Ihre Hoffnungen zunichte gemacht und Ihnen das Herz gebrochen hat. Es ist der Tag, nachdem Sie von jemandem verklagt worden sind, und der Tag nach dem Urteil. Es ist der Tag nach dem 11. September; der

Tag, an dem die Nachricht erst noch weiter sacken muss und einem langsam klar wird, dass das Leben von jetzt an und für immer anders sein wird. Es ist der Tag, an dem einem die Welt so finster vorkommt, dass es nirgends einen Hoffnungsschimmer gibt.

Aber selbst an diesem Tag, an dem die Verzweiflung greifbar gewesen sein muss, sagt sicher hin und wieder ein Jünger beispielsweise: »Was hat er noch mal darüber gesagt, dass Jona drei Tage lang im Bauch des Wals war?« Die anderen tun diese Bemerkung wahrscheinlich einfach ab. Und dann meldet sich vielleicht ein anderer Jünger zu Wort und sagt: »Hat er nicht etwas davon gesagt, dass der Tempel zerstört und in drei Tagen wieder aufgebaut wird? Könnte er damit vielleicht gemeint haben, dass er wieder lebendig wird?« Woraufhin dann vielleicht die anderen sagen: »Nein, das hat er damit nicht gemeint.« Und noch ein anderer sagt dann möglicherweise: »Ich könnte schwören, er hat gesagt, dass der Menschensohn sterben, aber wieder auferstehen wird.« Diese Worte Jesu sind nicht verstanden worden, als er sie gesagt hat, und selbst jetzt scheinen sie einfach nur absurd.

Vier Menschen haben einen geschundenen Körper in ein Grab gelegt. Es ist unfassbar, dass er wieder lebendig werden soll.

»Hinabgestiegen ins Reich des Todes«

Was macht der Geist Jesu an diesem zweiten Tag? Hält er Sabbatruhe, während sein Körper im Grab liegt, oder steigt er wirklich, wie es im apostolischen Glaubensbekenntnis heißt, »hinab ins Reich des Todes«? Nach dieser Lehre ist Jesus nach seinem Tod an den Ort der Toten gelangt – das, was im Alten Testament als *Sheol* bezeichnet wird –, hat dort dann die gerechten Toten befreit, damit sie in den Himmel aufsteigen können, und all denen das Evangelium gepredigt, die es noch nie gehört haben. Der biblische Ursprung dieser Vorstellung ist in 1. Petrus 3,18b–20; 4,6 zu finden. Dort steht: »Sein Körper wurde am Kreuz getötet, der Geist Gottes aber erweckte ihn zu neuem Leben. So ist er auch zu den Geistern in die Totenwelt gegangen, um ihnen die Botschaft der Befreiung zu verkünden. Er ging zu denen, die zur Zeit Noahs gelebt hatten und Gott ungehorsam gewesen waren« und: »... denn auch den Toten ist die Botschaft der Rettung verkündet worden.«

Theologen streiten über die Bedeutung dieser Verse, aber vielleicht enthalten sie ja einen Hinweis darauf, was Jesus an diesem Samstag getan hat. Er hat vielleicht im Reich der Toten das getan, was er auch während seines irdischen Wirkens getan hat, nämlich »Verlorene zu suchen und zu retten« (Lukas 19,10). Diese Lehre und diese Verse würden dann die Tiefe der Leidenschaft zeigen, mit der Jesus versucht, Menschen zu erreichen, die Gott fern sind.

In Matthäus' Bericht von der Kreuzigung ist die seltsame Geschichte zu finden, dass in dem Moment, als Jesus stirbt, manche Menschen, die tot waren, wieder zum Leben auferstehen und »vielen Leuten erschienen« (Matthäus 27,50–53). Auch das könnte ein biblischer Anker für die Vorstellung sein, dass Jesus diejenigen aus dem Totenreich (Sheol) befreit, die nach seinem Willen gelebt haben. Manche gehen sogar soweit, zu behaupten, dass Jesus die vom Satan beherrschte Unterwelt betritt, dort dem Satan selbst begegnet und ihn besiegt. Er vernichtet ihn zwar noch nicht endgültig, aber er demonstriert, dass er Macht über ihn hat. Sogar Martin Luther behauptet in seinem Katechismus, dass der Teufel in diesem Abstieg ins Reich der Toten besiegt worden ist. »Wir glauben einfach«, schreibt er, »dass die gesamte Person Jesu, Gott und Mensch, nach seinem Begräbnis hinabgestiegen ist in die Hölle, den Teufel besiegt hat, die Macht der Hölle zerschlagen und dem Teufel die Macht genommen hat.« Diese Vorstellungen werden beide in der klassischen Kunst deutlich, in der die Tore zur Hölle zerbrochen sind und Jesus Adam und Eva und die Gerechten aus dem Alten Testament aus dem Reich des Todes heraus und zur Himmelspforte führt.

Was genau der Geist Jesu in der Zeit tut, in der sein Körper im Grab liegt, bleibt also ein Geheimnis. Aber für seine Anhänger, die auf der Erde zurückbleiben, ist die Zeit zwischen seinem Tod und seiner Auferstehung die finsterste Zeit, die sie bis dahin erlebt haben. Der Ostersamstag steht für Verzweiflung und völlige Hoffnungslosigkeit.

Der dritte Tag

Der dritte Tag beginnt zwar schon mit dem Sonnenuntergang am Samstagabend, aber erst am Sonntagmorgen entdeckt Maria aus Magdala, dass der Stein vom Eingang des Grabes weggerollt worden und das Grab leer ist. Die Berichte der Evangelien darüber unterscheiden sich zwar in Einzelheiten, aber sie stimmen darin überein, dass diese Frau, die durch Jesus von dämonischer Besessenheit oder Geisteskrankheit befreit worden ist, als erste am Schauplatz des Geschehens ist. Matthäus, Markus und Lukas berichten, dass sie in Begleitung von einer oder mehreren Frauen ist; sie sind mit ätherischen Ölen gekommen, um Jesu Leichnam damit zu salben.

Die Frauen sind völlig perplex über das, was sie sehen: Der Stein ist vom Grabeingang weggerollt worden, und sie rennen zu dem Grab hin, weil sie fürchten, dass irgendjemand den Leichnam Jesu gestohlen hat, um ihn zu schänden und dadurch weiter zu entwürdigen. In dem Bericht über das, was dann geschieht, unterscheiden sich die Evangelien ein wenig. Laut Markus (16,5) sehen sie »einen Mann, der ein langes weißes Gewand trug«. Matthäus (28,2) bezeichnet ihn als einen »Engel Gottes« (das griechische Wort bedeutet »Bote Gottes«). Und in Lukas 24,4 heißt es, dass »zwei Männer in glänzend weißen Kleidern« zu ihnen traten. Johannes (20,12) berichtet ebenfalls von zwei »weiß gekleideten Engeln«. »Warum weinst du?«, fragen die Engel (Johannes 20,15). »Warum sucht ihr den Lebenden bei den Toten? Er ist nicht hier; er ist auferstanden!« Und bei diesen Worten rennen die Frauen los, um die Jünger zu suchen.

Die zeitliche Abfolge der Ereignisse zu Ostern wird in den Evangelien ein wenig unterschiedlich dargestellt, aber eines ist ganz klar: Die Vorstellung, dass Jesus vom Tod auferstanden sein soll, ist für alle unglaublich. Im Markusevangelium (16,1–8) erfahren die Frauen, dass Jesus auferstanden ist; aber sie sind absolut erschrocken und trauen sich nicht, jemandem davon zu erzählen. In Matthäus (28,16–17) steht, dass selbst, nachdem die Jünger ihn auf dem Berg in Galiläa gesehen haben, einige daran zweifeln, »dass es wirklich Jesus war«. Bei Lukas (24,8–11) erzählen Maria und die anderen den Jüngern, dass Jesus auferstanden ist: »Aber die Jünger hielten ihren Bericht für leeres Gerede und glaubten den Frauen kein Wort.« Laut Lukas (24,12) rennt Petrus zum Grab, aber obwohl er »verwundert« ist, wird nicht klar, ob er begriffen hat, was passiert ist. Im Bericht von Johannes (20,2–9) rennen Petrus und Johannes zum Grab, aber obwohl sie dort die Leichentücher liegen sehen, begreifen sie nicht, was geschehen ist. Und dann ist da der »ungläubige Thomas«, der nicht dabei ist, als der auferstandene Jesus den Jüngern das erste Mal erscheint. »Ich glaube es erst, wenn ich seine durchbohrten Hände gesehen habe. Mit meinen Fingern will ich sie fühlen, und meine Hand will ich in die Wunde an seiner Seite legen« (Johannes 20,25).

Wie dankbar bin ich für die Evangelien, in denen eingestanden wird, dass sogar die Jünger Zweifel an der Auferstehung haben! Wenn selbst die Männer und Frauen, die die ganze Zeit mit Jesus zusammen gewesen sind, nicht an seine Auferstehung glauben können, wie viel schwerer ist es dann erst für Menschen, die 2 000 Jahre später leben und nicht mit eigenen Augen das leere Grab oder den lebendigen Jesus gesehen haben!

Als Pastor finde ich, dass der Ostersonntag in Bezug auf die Predigt die größte Herausforderung des Kirchenjahres ist.

Und zwar deshalb, weil die Ereignisse, die wir zu Ostern feiern, so schwer zu glauben sind. Mehrere Aspekte der Geschichte lassen den modernen Leser gemeinsam mit Thomas sagen: »erst wenn … glaube ich«. Manche Bibelausleger versuchen, es den Menschen zu erleichtern, die Ostergeschichte zu glauben. Sie schlagen Alternativen zu dem vor, was in den Evangelien berichtet wird: Vielleicht war Jesus gar nicht tot und das Grab nicht wirklich leer; die Frauen und die Jünger hatten nur eine durch Wunschdenken ausgelöste Vision. Aber die Christen in den Urgemeinden behaupten kühn, dass das Grab leer gewesen ist, dass Jesus körperlich auferstanden ist und dass er in einem Zeitraum von 40 Tagen den Aposteln und Hunderten von anderen Menschen erschienen ist. Sie haben ihn gesehen und mit ihm gesprochen. Sie haben seine Hände berührt und sich vergewissert, dass er wirklich lebt. Er war kein Geist, sondern er ist wirklich dort bei ihnen gewesen und hat sogar mit ihnen zusammen gegessen. Er hat sie gelehrt und ermutigt. So beendet Matthäus sein Evangelium mit folgenden Worten, die Jesus zu seinen Jüngern sagt:

> »Geht hinaus in die ganze Welt, und ruft alle Menschen dazu auf, mir nachzufolgen! Tauft sie im Namen des Vaters, des Sohnes und des Heiligen Geistes. Lehrt sie, so zu leben, wie ich es euch aufgetragen habe. Ihr dürft sicher sein: Ich bin immer bei euch, bis das Ende dieser Welt gekommen ist.« (Matthäus 28,19–20)

Es gibt vieles auf dieser Welt, was ich nicht bis ins Letzte verstehe, und allerhand, was mir absolut absurd vorkommt. In diese Kategorie gehört zum Beispiel einiges aus dem Bereich der Physik. Ist wirklich das gesamte Universum aus einer Urmaterie von der Größe eines Stecknadelkopfes entstanden? Ich kann nicht sehen, dass das möglich ist, aber aktuelle Theorien über den Ursprung des Universums behaupten es. Besteht mein Körper wirklich aus Atomen, von denen jedes einen Kern hat, welcher von einer Elektronenwolke umgeben ist, mit geladenen Teilchen, die ständig in Bewegung sind? Ich verstehe es zwar nicht, aber ich glaube, dass es so ist. Es gibt eine Unmenge anderer Phänomene und Zusammenhänge, die ich im Physikunterricht kennengelernt habe, die so unglaublich sind, dass ich sie nicht einmal beschreiben kann. Ich frage mich also: Ist es möglich, dass der Gott, der das Universum erschaffen hat, der das Atom erdacht und die DNA-Software geschrieben hat, von der alles Lebende gebildet wird, in der Lage ist, den physischen Körper Jesu nach dessen Tod wiederzubeleben, zu verwandeln und auferstehen zu lassen? So gesehen, scheint die Auferstehung gar nicht so unglaublich.

Neben der Frage nach der Auferstehung des physischen Körpers von Jesus drängt sich ja auch die allgemeinere Frage auf, ob es denn überhaupt ein Leben nach dem Tod gibt. Diese beiden Fragen sind miteinander verknüpft. Wenn Jesus vom Tod auferstanden ist, dann wäre das ein Beweis für ein Leben nach dem Tod; und wenn es ein Leben nach dem Tod gibt, dann sollte es auch eigentlich kein Problem mehr sein, an die Auferstehung Jesu zu glauben.

Es besteht kein Zweifel daran, dass die Jünger nach der Auferstehung Jesu verändert waren. Diese Menschen, die Jesus aus Angst im Stich gelassen haben, die sich hinter verschlossenen Türen in Sicherheit gebracht haben, statt bei seiner Bestattung zu helfen, sind jetzt auf den Straßen von Jerusalem unterwegs, um ihn jedem zu verkünden. »Macht mit uns, was ihr wollt«, sagen sie. »Tötet uns, wenn es sein muss, aber wir müssen es euch sagen: Wir haben gesehen, dass der, den ihr gekreuzigt habt, vom Tod auferstanden ist. Er ist der Sohn Gottes. Er ist der König der Herrlichkeit, der Retter der Welt.« Und von dort aus gehen sie in die ganze Welt hinaus, um die gute Nachricht zu verkünden. Sie haben es dabei unglaublich schwer. Immer wieder werden sie verhaftet, geschlagen, misshandelt und ins Gefängnis geworfen. Es ist überliefert, dass sie alle außer einem einzigen wegen ihres Glaubens hingerichtet werden, dass sie aber nie wieder eine solche geistliche Finsternis erlebten wie zwischen dem Tod und der Auferstehung Jesu. Sie haben keine solchen Zweifel mehr und sind auch nicht mehr so verzweifelt wie vor dem Moment, als sie ihren auferstandenen Herrn mit eigenen Augen sehen. Jetzt treten sie dem Leben wieder mit Hoffnung und Zuversicht entgegen. Wenn wir die Ostergeschichte hören, glauben und feiern, dann holen wir uns genau so einen Glauben wieder zurück und entdecken dieselbe Freude und Hoffnung, wie sie damals die ersten Jünger erleben. Ostern hat die Kraft, uns zu verändern.

Hoffnung auf ein Leben nach dem Tod

Die persönliche Erfahrung vieler sehr unterschiedlicher Menschen hat mich zu dem Schluss gebracht, dass es ein Leben nach dem Tod gibt. Ich möchte nur ein paar der mehr als 50 Erlebnisse wiedergeben, von denen mir im Laufe der Jahre berichtet worden ist.

Ich saß bei einem Mann, der im Sterben lag. In einem Rollstuhl sitzend, fragte er mich, ob ich »sie« sehen könne, und meinte damit Personen, die er im Unterschied zu mir sehen konnte. Kurz darauf starb er.

Eine Frau, die in ihrem Bett im Altersheim starb, sagte in Anwesenheit ihrer beiden Töchter, die an ihrem Bett saßen: »Könnt ihr sie hören? Sie rufen meinen Namen.« Und die Töchter fragten: »Wer ruft dich, Mama?« Worauf sie die Namen ihres verstorbenen Mannes, ihrer Eltern und anderer Verstorbener nannte.

Eine andere Frau erzählte mir, dass sie vor einiger Zeit nachts wach geworden sei. Sie habe vom Bett aus nach oben geschaut und ihren vor einigen Monaten verstorbenen Mann gesehen. Es habe ein Licht über ihm geleuchtet; er habe sie angelächelt und sei dann wieder verschwunden, als sie sich hell wach im Bett aufgerichtet habe.

Vor einiger Zeit habe ich in einer Gruppe von Pastoren über Don Pipers Buch *90 Minuten im Himmel* geredet. Piper wurde für tot erklärt und hatte ein Nahtoderlebnis, wurde dann aber ins Leben zurückgeholt. Nach der Zusammenkunft kam einer der Pastoren zu mir und sagte:»Ich habe etwas ganz Ähnliches erlebt wie Piper.« Dann berichtete er, dass er im Koma gelegen habe, und dass die Wahrscheinlichkeit, aus diesem Koma wieder zu erwachen, so gering gewesen sei, dass seine Familie beschlossen habe, die lebenserhaltenden Maßnahmen nicht fortsetzen zu lassen. Er erzählte, dass er die tränenreichen Abschiedsworte seiner Familie gehört habe. In dem Augenblick habe ihn ein alter Freund, der Jahre zuvor gestorben war, beim Namen gerufen. Der Freund habe gesagt, er solle sich keine Sorgen machen, es werde alles gut werden. Da hatte der Pastor einen tiefen Frieden empfunden und den Wunsch gehabt, seinem Freund zu folgen. Besonders aufgefallen sei ihm der Klang von Musik und Gesang, der aus dem Himmel zu kommen schien. Kurz darauf habe er dann die Augen geöffnet und sei wieder am Leben gewesen. Er erzählte:»Ich werde nie diesen Frieden vergessen und die Gewissheit, dass nach dem Tod etwas ganz Großartiges kommt.«

Ich könnte noch mehr solcher Geschichten erzählen, und für mich ist die Vielfalt und Unterschiedlichkeit dieser Geschichten ein Indiz für ihre Echtheit. Wenn es wirklich ein Leben nach dem Tod gibt, dann scheint das Zeugnis der Jünger, der Frauen und anderer, die behaupten, sie hätten den auferstandenen Jesus gesehen, doch ziemlich plausibel. Tatsache ist, dass die Jünger radikal verändert sind nach ihrer Begegnung mit dem auferstandenen Jesus – vollmächtiger, mutiger und voller Hoffnung. Der Apostel Paulus berichtet, dass über 500 Menschen Jesus nach seiner Auferstehung sahen (1. Korinther 15,6). Auch er selbst hatte eine Begegnung mit dem auferstandenen Jesus (Apostelgeschichte 9,1–8); eine Begegnung, die Paulus von einem Christenverfolger in den größten Fürsprecher für den christlichen Glauben verwandelt. Für mich ist der Schritt, der erforderlich ist, um an die Auferstehung Jesu zu glauben, nicht besonders groß. Ich kann damit leben, dass das Wie der Auferstehung und die konkreten Einzelheiten dieses Vorgangs ein Geheimnis bleiben, aber *dass* er auferstanden ist, das kann ich als Tatsache betrachten.

Bei der Auferstehung geht es nicht nur darum, dass ein Toter wieder lebendig wird. Die Kraft liegt in der Bedeutung dieser Auferstehung, und hier scheint mir die Auferstehung der perfekte und entscheidende Schluss der Geschichte des Evangeliums zu sein. Die Auferstehung Jesu ist genau wie seine Kreuzigung ein Wort von Gott, das eine tiefgreifende Wahrheit sagt, die alles verändert. Diese Geschichte bestimmt das Leben der ersten Jünger. Der Apostel Paulus fasst die Rolle der Auferstehung in der Botschaft des Evangeliums folgendermaßen zusammen: »Denn wenn du mit deinem Mund bekennst: ›Jesus ist der Herr!‹, und wenn du von ganzem Herzen glaubst, dass Gott ihn von den Toten auferweckt hat, dann wirst du gerettet werden« (Römer 10,9).

Und damit kommen wir zur letzten Theorie der Sühne, die wir uns in diesem Buch noch anschauen wollen. Es ist oft von »Christus Victor«, Jesus dem Sieger, die Rede. Von dieser Sichtweise, die durch den schwedischen Theologen und Bischof Gustaf Aulén bekannt wurde, heißt es, dass sie eine in der Urgemeinde herrschende Vorstellung von Sühne neu formuliert. Danach müssen das Leiden, der Tod und die Auferstehung Jesu zusammengenommen werden als machtvolles Wort Gottes, das den Sieg Gottes über die Mächte des Bösen und über die Sünde verkündet, durch die wir von Gott getrennt sind. Sie sind der Triumph Gottes, an dem wir durch den Glauben teilhaben.

Ich weiß nicht, ob Aulén auch folgende Metapher verwendet hat, die ich sehr hilfreich finde: In der Person Jesus Christus ist Gott in den Boxring gestiegen, um gegen einen sehr starken Gegner anzutreten. Dieser Gegner hält, wie damals der Riese Goliath bei den Philistern, die Menschen gefangen. Menschen leben in einer Welt, wo »Macht vor Recht geht« und wo oft das Böse zu siegen scheint. Selbst die »Gerechten« zur Zeit Jesu werden in der Geschichte vom Verrat, der Verurteilung und dem Tod Jesu als engherzige Sklaven ihrer eigenen Sünde dargestellt; und wir sind alle Gefangene der Macht des Todes.

Die Realität unserer Versklavung an das Böse, an die Sünde und den Tod ist überall um uns her zu erkennen. Sie wird sichtbar an den 30 000 Kindern, die tagtäglich verhungern oder an Krankheiten sterben, die auf Mangelernährung zurückzuführen sind, während andere Menschen im Überfluss leben. Sie wird deutlich an den ständigen kriegerischen und gewaltsamen Auseinandersetzungen auf der ganzen Welt. Sie ist zu erkennen am Egoismus und der Gier, die zu wirtschaftlichen Katastrophen führen, und sie wird deutlich an dem Leid, das wir uns in persönlichen Beziehungen gegenseitig zufügen.

In Jesus ist Gott in den Ring gestiegen, wo das Böse anscheinend die Oberhand hat. Er hat schwere Schläge des Feindes abbekommen, ist Mächten ausgesetzt, die sich zusammengerottet haben, um ihn zu vernichten. Er wird geschlagen, misshandelt und geht schließlich zu Boden. Aber genau in dem Augenblick, als der Kampf verloren scheint, folgt die Auferstehung Jesu, und in seiner Auferstehung versetzt er den Mächten des Bösen, der Sünde und dem Tod den entscheidenden Schlag. Christus wird zum Sieger. Mit seinem Sieg bekommt die ganze Menschheit die Chance, sich mit ihm zusammenzutun und befreit zu werden von der Macht des Bösen, der Sünde und des Todes – und ein Leben in Hoffnung, Freiheit und Liebe zu leben.

Menschen müssen sich immer noch bewusst dafür entscheiden, sich auf seine Seite zu stellen. Sie werden nicht gezwungen, die Versklavung an Sünde und Tod hinter sich zu lassen. Der Kampf zwischen Gut und Böse wird weitergehen, bis Jesus wiederkommt. Aber sein Tod und seine Auferstehung haben den Mächten des Bösen einen entscheidenden Schlag versetzt und demonstrieren Gottes Sieg über sie.

Der Bericht des Evangelisten Johannes über die Auferstehung ist der mit der tiefsten Symbolik, und er enthält eine Unmenge von Hinweisen, die deutlich machen, was dieser Sieg bedeutet, den Jesus durch seinen Tod und die Auferstehung errungen hat.

Nur Johannes berichtet beispielsweise, dass das Grab Jesu sich in einem Garten befindet, als Erinnerung daran, dass die Geschichten der Bibel in einem Garten beginnen, nämlich dem Paradiesgarten (Garten Eden). Dort hat der Teufel Adam und Eva in Versuchung geführt, Gott ungehorsam zu sein und sich selbst an die Stelle Gottes zu setzen. Dadurch ist das Böse in die Welt gekommen. Die Menschheit ist seitdem versklavt an Selbstsucht, Ungehorsam, Schuld und Scham. Aber in dem Garten, in dem sich das Grab Jesu befindet, vollzieht sich die Umkehrung vom Garten Eden, indem denjenigen, die sich dafür entscheiden, dem gekreuzigten und auferstandenen Christus nachzufolgen, die Chance bekommen, an der Wiederherstellung der Beziehung zu Gott teilzuhaben. Sie werden dafür arbeiten und beten, dass das Reich Gottes kommt – »wie im Himmel, so auf Erden«.

Johannes erwähnt auch, dass Maria aus Magdala zwei Engel *in* dem Grab antrifft, die an der Stelle sitzen, an der der Leichnam Jesu gelegen hat, einer am Kopf und einer zu seinen Füßen. Diese Szene soll an den Gnadenthron Gottes denken lassen, den symbolischen Thron in Form des Deckels der Bundeslade. Dort opfert der Hohepriester das Blut der Sühne und bringt Gott Sündenopfer dar. Es erinnert uns daran, dass Jesus den Tod besiegt hat und all denen, die ihn anrufen, Barmherzigkeit schenkt.

Bestätigung

Die Auferstehung Christi ist eine Bestätigung seiner Botschaft, seiner Identität und seines Todes am Kreuz. In seiner Botschaft lehrt Jesus einen Lebensstil, der auf der Liebe zu Gott und dem Nächsten beruht. Er kümmert sich um verlorene und zerbrochene Menschen. Was die religiösen Autoritäten damals so aufregt, ist unter anderem, dass Jesus bei den Trinkern und Prostituierten sitzt; er nimmt sie mit hinein in sein Wirken und seinen Dienst. Er lehrt, dass Gott wie ein Vater ist, der zwei Söhne hat, von denen einer davonläuft. Der Vater wartet lange Zeit darauf, dass der Sohn wieder nach Hause zurückkommt, und hört nie auf, den Ausreißer zu lieben. Das ist der Ansatz, den Jesus in seinem Dienst verkörpert. Und dieser Ansatz steht in absolutem Gegensatz zur herrschenden Kultur. Glücklich sind die Armen, die Hungernden, die Sanftmütigen, die Demütigen, die Friedensstifter. Glücklich ist man, wenn man um seines Namens Willen verfolgt wird. Wenn einem ein römischer Soldat ins Gesicht schlägt, dann hält man ihm auch noch die andere Wange hin. Wenn er verlangt, dass man seine Ausrüstung eine Meile weit trägt, dann trägt man sie auch noch eine zweite Meile. Liebe nicht nur deinen Nächsten, sondern auch deine Feinde. Bete für diejenigen, die dich verfolgen. Vergib nicht nur sieben Mal, sondern 70 mal sieben Mal. Das alles sind sonderbare Aussagen. Wie kann jemand wirklich so leben? Aber das, was er lehrt, wird durch seine Auferstehung beglaubigt.

Die Behauptungen Jesu über seine Identität scheinen genau so seltsam. So sagt er beispielsweise: »Ich bin das Brot des Lebens ... Wer zu mir kommt, wird niemals wieder Hunger leiden, und wer an mich glaubt, wird nie wieder Durst haben« (Johannes 6,35). »Ich bin die Auferstehung, und ich bin das Leben. Wer mir vertraut, der wird leben, selbst wenn er stirbt« (Johannes 11,25). »Ich bin der Weg, ich bin die Wahrheit, und ich bin das Leben! Ohne mich kann niemand zum Vater kommen« (Johannes 14,6). Er legt wiederholt Traditionen und Lehren des jüdischen Volkes neu aus, indem er beispielsweise sagt: »Wie ihr wisst, wurde unseren Vorfahren gesagt: ›Du sollst nicht töten!‹ ... Doch ich sage euch ...« (Matthäus 5,21–22). Er sagt: »Geht hinaus in die ganze Welt und ruft alle Menschen dazu auf, mir nachzufolgen ... Lehrt sie, so zu leben, wie ich es euch aufgetragen habe« (Matthäus 28,19–20). Er behauptet, der Messias zu sein, der Sohn des lebendigen Gottes. Das ist eine Vorstellung, die die religiösen Führer und diejenigen, die einen militärischen Messias erwarten, völlig ablehnen, aber er behauptet es dennoch erneut, als er nach seiner Verhaftung verhört wird. All seine Behauptungen werden durch seine Auferstehung bestätigt. Das stellt auch Paulus in Römer 1,4 fest, wenn er schreibt: »Durch die Kraft des Heiligen Geistes wurde er von den Toten auferweckt, und so bestätigte Gott ihn als seinen Sohn.«

Die Auferstehung bestätigt außerdem den Sinn des Todes Jesu am Kreuz: dass er einen göttlichen Plan erfüllt, indem er die Vergebung der Sünden bewirkt. Lukas fasst diesen Gedanken in eine Aussage Jesu, die er nach seiner Auferstehung den Jüngern gegenüber macht: »Es steht doch dort geschrieben: Der Messias muss leiden und sterben, und er wird am dritten Tag von den Toten auferstehen. Alle Völker sollen diese Botschaft hören: Gott wird jedem, der zu ihm umkehrt, die Schuld vergeben. Das soll zuerst in Jerusalem verkündet werden« (Lukas 24,46–48).

Auf allen drei Gebieten – seiner Botschaft, seiner Identität und seinem Tod am Kreuz – bestätigt die Auferstehung Jesu alles, was er gesagt hat; alles, was er getan hat; und alles, was er war und ist.

Letztlich ist die Auferstehung ein dramatisches Zeichen für den Sieg Gottes über alle Mächte, die sich gegen Jesus verschworen haben – nicht nur der Hohe Rat und die Römer, sondern alle Mächte des Bösen in der Welt. Die Auferstehung ist außerdem Gottes Zeichen für den Sieg über den Tod. Sie macht deutlich, dass Sünde, das Böse und der Tod nicht das letzte Wort haben, auch wenn es vorübergehend den Anschein hat. Die Auferstehung ist ein Siegesruf über all diese Dinge, der Beweis, dass Güte, Gerechtigkeit und das Leben letztlich siegen werden. Paulus schreibt: »Der Tod hat Macht durch die Sünde, und die Sünde hat ihre Kraft durch das Gesetz. Aber gelobt sei Gott, der uns den Sieg schenkt durch Jesus Christus, unseren Herrn!« (1. Korinther 15,56–57).

Christus, der Sieger, sagt, dass das Leiden, der Tod und die Auferstehung Jesu Gottes Reaktion auf die Sünde, das Böse, die Ungerechtigkeit, die Tragödie und den Schmerz der Menschheit sind. Jesus hat das alles erlebt und darüber triumphiert. Alle, die sich dafür entscheiden, ihm nachzufolgen und als Volk Gottes zu leben, lädt er ein, befreit von der Macht der Sünde und der Angst vor dem Tod zu leben. Die Macht von Ostern und damit die Theorie der Sühne, die Christus als den Sieger herausstellt, lässt sich in einem Wort zusammenfassen: *Hoffnung*. Hoffnung ist das Gefühl, dass alles gut wird, dass trotz schwieriger Umstände und schmerzlicher Situationen, die zur Verzweiflung führen können, hinter der nächsten Kurve etwas Gutes kommt. Ohne Hoffnung können wir nicht leben. Jerome Groopman, ein Arzt, der einen Medizin-Lehrstuhl in Harvard hat, schreibt in seinem Buch *The Anatomy of Hope*: »Hoffnung gibt uns den Mut, uns unseren Umständen zu stellen, und die Fähigkeit, sie zu überwinden. Für alle meine Patienten erweist sich Hoffnung, echte Hoffnung, als genau so wichtig wie jedes Medikament, das ich verschreibe, oder jede Behandlung, die ich durchführe.«[9] Das zeigt die Geschichte vom Leiden, dem Tod und der Auferstehung Jesu.

Vieles von dem, was auf der Welt passiert, ist erschreckend. Vor einigen Jahren brachte die Zeitschrift *Time* eine Titelgeschichte über die globale Erwärmung unter der Überschrift: »Seien Sie besorgt! Seien Sie sehr besorgt!« Ich glaube, dass die Erderwärmung eine reale Bedrohung ist, und dass Christen in vorderster Front Haushalter für die Umwelt sein sollen. Aber ich werde letztlich mein Leben nicht in Furcht davor leben.

---

9   Aus: Jerome Groopman, *The Anatomy of Hope* (Random House, 2004), Seite xiv.

Warum nicht? Weil ich glaube, dass Jesus der Sieger ist und dass die Erderwärmung nicht das letzte Wort im Leben haben wird.

Die andauernde Bedrohung durch Terrorismus ist sehr real. Ich glaube, wir müssen Wege finden, die Themen anzugehen, die für Bedingungen sorgen, in denen Terrorismus gedeiht, aber ich werde nicht in ständiger Angst vor Terrorismus leben, weil Jesus der Sieger ist, und ich glaube nicht, dass der Terrorismus das letzte Wort haben wird.

Im Jahr 2008 erlebte die Welt eine weltweite Wirtschafts- und Finanzkrise, eine Krise, die grundlegende Veränderungen in unserer Beziehung zu Geld verlangt, und die sich auf fast jeden auf irgendeine Weise auswirkt. Dennoch kann nicht einmal eine weltweite Wirtschaftskrise die Tatsache negieren, dass Jesus der Sieger ist.

Zu wissen, dass Jesus das letzte Wort hat, gibt uns Mut, wenn wir mit den Problemen unserer Zeit konfrontiert sind. Dieses Wissen ruft uns nicht dazu auf, uns irgendwo im stillen Kämmerlein zu verstecken. Es lässt uns nicht den Kopf in den Sand stecken und sagen, dass uns die Probleme, mit denen wir konfrontiert sind, nicht interessieren. Natürlich interessiert uns, was in unserer Welt passiert, und durch die Auferstehung können wir uns diesen Dingen mit Hoffnung und Mut stellen.

Folgende Worte, die Frederick Buechner zugeschrieben werden, treffen es gut: »Auferstehung bedeutet, dass das Schlimmste nie das Letzte ist.«

Im Laufe der Jahre habe ich viele Menschen aus meiner Gemeinde in ihrer letzten Lebensphase vor dem Tod begleitet. Ein bemerkenswerter Mann hat die Bedeutung des Sieges Jesu so gut auf den Punkt gebracht, wie ich es noch nie zuvor erlebt habe. Nachdem sie jahrelang versucht hatten, Kinder zu bekommen, hatte seine Frau schließlich ein kleines Mädchen zur Welt gebracht. Ein paar Monate später wurde bei meinem Freund ein ganz besonders aggressiver Krebs diagnostiziert.

Ich saß an seinem Bett, während sich die Krankheit seines Körpers bemächtigte. Er zeigte einen bemerkenswerten Glauben inmitten all dessen. Er sagte: »Ich weiß, dass Gott seinen Kindern nicht Krebs schickt. Das ist einfach ein Teil des Lebens. Natürlich bete ich darum, dass ich gesund werde. Das ist mein Wunsch. Aber mehr noch als um meine Heilung bete ich, dass irgendwie, mitten in diesem Kampf gegen den Krebs, die Herrlichkeit Gottes in meinem Leben deutlich wird.« Und weiter sagte er: »Ich weiß, dass Jesus auferstanden ist; und weil er lebt, werde ich leben. Ich weiß, dass er einen Platz für mich vorbereitet hat. Ich habe keine Angst. Und ich verlasse mich darauf, dass er Menschen schickt, die sich um meine Frau und meine Tochter kümmern. So wie Paulus werde ich dafür dankbar sein, und ich hoffe, dass ich ihm nützlich bin, wenn ich noch länger lebe. Wenn der Krebs aber so verläuft wie üblich, dann weiß ich, dass ich bei ihm sein werde; und dafür bin ich dankbar. ›Denn Christus ist mein Leben und Sterben ist für mich ein Gewinn.‹«

Ich arbeite seit fast 20 Jahren als Hauptpastor in der *United Methodist Church of Resurrection*. Ich war 25, als meine Frau, meine Töchter und ich diese Gemeinde gründeten. Jedes Jahr habe ich in diesen 20 Jahren meine Osterpredigt mit derselben Frage beendet: »Die Menschen fragen mich: ›Glauben Sie wirklich die Geschichte von der Auferstehung?‹ Und meine Antwort ist immer dieselbe: ›Ich glaube nicht nur daran, sondern *ich verlasse mich darauf.*‹«

Zum Autor

Adam Hamilton, Jahrgang 1964, ist Pastor der *United Metho-dist Church of the Resurrection,* einer Evangelisch-methodisti-schen Kirche in Leawood, Kansas. Diese wachsende Gemeinde – landesweit die größte methodistische Gemeinde – gilt als eine der einflussreichsten Kirchen in den USA.

Adam Hamilton ist Bestsellerautor und wurde bereits mehr-fach ausgezeichnet, unter anderem erhielt er zwei Ehrendoktor-titel. Er ist verheiratet mit LaVon und Vater von zwei Töchtern.

www.adamhamilton.org
www.cor.org

Nutzen Sie dieses Buch sowie das Begleitheft *24 Stunden – Impulse für 40 Tage* für eine **40-Tage-Aktion** in Ihrer Kleingruppe oder Kirchengemeinde!

Kirchen und Gemeinden sind herzlich eingeladen, das vorliegende Material – etwa in der Passions- oder Fastenzeit – zu verwenden: Vertiefen Sie die Inhalte von *24 Stunden – Der Tag, der die Welt veränderte* mit Ihrer ganzen Gemeinde! Das Buch ist so aufgebaut, dass es sich hervorragend für eine 40-Tage-Aktion eignet. Die sieben Kapitel bilden dann die Schwerpunkte für sieben Wochen und sieben Gottesdienste. Das Begleitheft *24 Stunden – Impulse für 40 Tage enthält auch* Anregungen für Gruppen und Hauskreise.

Die Passion als Gemeinde (er)leben

Auf der Website **www.24Stunden.net** bieten wir Gemeinden praktische Hilfen zur Durchführung einer 40-Tage-Aktion, zum Beispiel:

- *Anregungen für Gruppen und Hauskreise*
- *einen Organisations-Leitfaden*
- *Praxis-Erfahrungen von Pilotgemeinden*
- *Material zur Vorstellung der 40-Tage-Aktion*
- *Werbematerialien (Logos, Texte für Ihren Gemeindebrief, Flyer, Plakate, Präsentationsmaterial)*
- *Gottesdienst-Hilfen*
- *Bestell-Möglichkeiten für Buchpakete und Begleithefte (günstige Mengenpreise!) sowie Werbematerialien*
- *Kontakt zu Pilotgemeinden mit Erfahrung in 40-Tage-Aktionen, an die Sie sich mit Ihren Fragen wenden können*

Weitere Informationen und Anmeldung unter www.24Stunden.net!